书的使用法

本の「使い方」

［日］出口治明 著
朱悦玮 译

后浪出版公司

中国友谊出版公司

前　言

从记事时起（幼儿园的时候），我就是一个书痴。

即便在因为创立 Life Net 生命而繁忙奔走的时候，我仍然平均每周能读完 3~4 本书。我读书最多的时候，每周能读完 10 本以上。对于我来说，睡觉前拿出 1 小时来读书，就像每晚要刷牙一样是理所当然的习惯。

如果问我为什么读书，大概我只有一个回答：

"因为有趣。"

每当我邂逅一本优秀的书，内心都会抑制不住地激动起来。我之所以开始写书评博客，起因是 Life Net 生命的员工们对我的建议，但更关键的是我有一种"想让更多的人知道这本书的有趣之处"的强烈愿望。

在中国古代的政治论文集《管子》中，有这样一句话："仓廪实而知礼节，衣食足而知荣辱。"

衣服和食物是生活上不可或缺的东西，因此人类首先想的永远是"怎样才能吃上饭"。

但是，人类与其他动物不同，人类拥有更加发达的头脑。因此，人类并不满足于只是填饱肚子。正如《圣经》上所说的那样，"人不能只靠面包生活"。

当衣食的需求都得到满足之后，人类就会出现其他的需求。于是就开始追求面包之外的东西。其中之一就是"对知识的好奇心"。

阿拉伯有这样一个谚语："（人生的）乐趣，在马背上，在书本中，在女人的怀抱里。"

与和异性耳鬓厮磨相比，读书更有趣。这句谚语说得很巧妙。我觉得这甚至可以称得上是传达读书乐趣的至理名言。

对于生活在沙漠之中的阿拉伯战士来说，马不仅是生活的手段，更是荣耀的象征。因此，骑在马背上，应该是比什么都更快乐的。而排在第二位的是"书"，第三位才是"女性"。"书"之所以能够排在"女性"前面，正是因为书能够满足人类对知识的好奇心。

满足对知识的好奇心，是人生至高无上的乐趣。在这一点上，我和阿拉伯人深有同感。正是因为伊斯兰国家完好地保存了希腊与罗马的经典著作，才使得这些典籍在经历了基督教长期的焚书运动（为了镇压异教思想而烧毁书籍）之后仍然能够流传后世。也就是说，阿拉伯人非常喜欢书。

对于我来说，读书就好像是品尝美味佳肴一样。

面包和米饭，只能够满足最低限度的食欲。但是，当餐桌上摆满美味佳肴的时候，吃饭就会变成更加快乐的享受。

如果没有书，人并不会死掉。但如果没有书，人生一定会缺少很多乐趣。至少对于我来说是这样的。

那么热爱读书的我是如何与书交流的呢？我理解的"书的乐趣"又是什么呢？……本书，就是从小和书一起长大的我个人的读书论。

我将在回顾自己过去经历的同时，尝试解读"读书的乐趣"和"读书的用处"这两个问题。

不过，我绝对不会提出任何关于"应该这样读书"的意见和建议。恐怕再也没有比强制灌输价值观更无聊的事情了吧。而且我认为书的阅读方法完全是个性使然，这种个性也是阅读的乐趣之一。

本书能够有幸出版，是因角川书店的间孝博和WRITER的藤吉丰的协助。他们二人强烈建议我出版本书，并且他们代替因管理Life Net生命而占据了大部分时间的我完成了大部分的工作。在此向二位致以最诚挚的谢意！

如果通过本书能够向大家传达一些"读书的乐趣"，那将是我最大的荣幸。

期待大家的意见和感想（邮箱：hal.deguchi.d@gmail.com）。

出口治明

目　录

第一章　书是什么

1　修养和教育的区别 003
2　获得修养的有效工具 012
3　从哪里开始学习才好 026
4　文科七艺的必要性 029
5　书、报纸、互联网的区别 038
6　不读书的人增多会产生怎样的影响 046

第二章　书的选择

1　学习未知领域知识的方法 055
2　为什么感觉阅读古经典籍很难 062
3　阅读古经典籍的意义 064
4　选择经典作品的方法 079

5　选择现代书的方法 ………… 084
　　6　活用图书馆 ………… 093
　　7　书的推荐方法 ………… 095

第三章　与书交流

　　1　读书时的规矩 ………… 099
　　2　书即是人 ………… 101
　　3　阅读历史书的方法 ………… 104
　　4　速读不如熟读 ………… 108
　　5　与商务书籍保持距离 ………… 113

第四章　书的使用

　　1　数字·事实·逻辑 ………… 121
　　2　不要在书中追求即效性 ………… 128
　　3　重复阅读 ………… 132

4　思考就是语言化 ———————————— 135
　　5　按照目的推荐的书 ———————————— 140

第五章　**热爱读书**
　　1　与书的邂逅 ———————————————— 171
　　2　小学生时代 ———————————————— 173
　　3　中学生时代 ———————————————— 175
　　4　高中生时代 ———————————————— 177
　　5　大学生时代 ———————————————— 179
　　6　社会人时代 ———————————————— 187
　　7　读书的收获 ———————————————— 195

后　　记 ——————————————————————— 197
本书内介绍书籍一览 ———————————————— 201

第一章

书是什么
——关于修养的思考

1 修养和教育的区别

坂本龙一为什么说自己"没有才能"

我一直认为"所有人都相差无几,人类的能力并不高"。

与很久以前相比,人类的想象力并没有太大的进步。甚至有科学家认为,人类的大脑与一万年前相比几乎没有进化。绝大多数的革新和创意,都不是从零开始的,只不过是对现有的概念进行重新组合而已。

很多年以前,我看过一段关于音乐家坂本龙一的访谈(似乎是在外国的飞机里的机舱杂志上看到的)。

在访谈中,坂本龙一对于"为什么坂本先生能够接连不断地创作出具有独创性的音乐呢?您创作的源泉究竟在什么地方?"这一问题,做出了如下的回答。

"虽然我经常被称为天才作曲家,但实际上我觉得自己并没有才能。"

他的这句话，非常富有启发性。坂本龙一同时身为作曲家、编曲家、音乐制作人、钢琴家、键盘手，在古典音乐和现代的音乐领域中都展现出惊人的才华，而且还是日本第一位获得奥斯卡奖的音乐家……却评价自己说"与美国的音乐家朋友相比，我无论是在才能、乐感还是在创意方面全都稍逊一筹"。

或许这只是他为人谦逊。但假如真的像他所说的那样，他既没有才能也没有乐感，还没有创意，为什么他作为音乐家却留下了那么多优秀的作品呢？

我是这样想的。就算没有才能，但是他却具备音乐方面的"修养"。正因为具备足够的修养，所以他才能够接连不断地创作出优秀的音乐作品。

事实上坂本龙一自己也曾经说过："我只是将过去听过的音符在合适的时候重新组合起来而已，并没有什么创造性。"由此可见我的判断或许并没有错。他只是借用了前人们的音符，通过重新组合和替换创作出了崭新的音乐。

坂本龙一自幼便非常喜欢音乐，他的父母似乎也很舍得培养他这个爱好，给他买了很多磁带和唱片。或许就在他与音乐不断接触的同时，古典、爵士、民谣等音乐种类的无数音符，变成了一种修养（或者可以称之为信息）输入到他的头脑之中。

在坂本龙一的脑海之中，拥有许多他从小积累下来的音符。正因为他拥有如此丰富的音乐知识，所以才能够灵活地将这些音符重新组合与替换。如果他从小只听过莫扎特，那么他是否还能够成为一名世界著名的作曲家，这是值得怀疑的。

只要接受过音乐教育，能看懂五线谱，了解乐器的演奏方法，掌握作曲所需的最基础知识的人都能够作曲。

但仅凭教育，很难创作出优秀的乐曲。只有在最低限度的基础上，再加上音乐的修养，才能够创作出更好的音乐。

教育＋修养＝更好的生活

我们的人生，也就是工作和生活，是否也和音乐一样呢？仅凭教育，恐怕只能过普普通通的人生吧。而一个人要想度过更好的人生，更好地工作，享受更好的生活，修养则是必不可少的。我们输入的修养越多，我们能够输出的思想与创意也就越丰富。

修养与教育不同。教育是"给予人类生存所需的最低限度的武器"。它培养人自主思考的能力，同时传授一些在社会上生活所必需的实际知识。

在动物的世界中，父母会教给孩子捕猎的方法。比如老虎。老虎妈妈在抓到猎物之后会削弱猎物的力量，然后离开。这样小老虎就能够学到如何让一息尚存的猎物彻底断气的方法。

母亲会循序渐进地教给孩子捕猎的方法，而孩子在能够自己捕猎，也就是拥有了生存所需的最低限度的武器之后，就会自立。

人类也是动物，基本的概念是相通的。给饥饿的人一条鱼，只能暂时缓解他的饥饿。等鱼吃完之后，这个人将再次陷入饥饿的痛苦之中。因此，授之以鱼不如授之以渔。也就是说，教育的本质在于让人自立。但由于人类建立起了高度文明的社会，只掌握钓鱼的方法，并不足以生存下去。如果不知道如何赚钱，不能进行自主的思考，那么恐怕很难在文明社会中独立生存。

大人为了让孩子能够自立,有义务给他们提供最低限度的武器。义务教育制度可以说就是为了给予孩子们生存武器的体制。

正如17世纪的哲学家帕斯卡在其著作《思想录》中所说的那样:

"人不过是一根芦苇,是自然界最脆弱的东西。但却是一根能思考的芦苇。"

人类正因为能够进行思考而伟大,人类的一切尊严,都存在于思考之中。

人之所以为人,就是因为能够自主思考。"用自己的头脑思考,用自己的语言来陈述自己的意见",这是比什么都重要的事情。这也正是所有教育和学习的最终目标。

比如,当遇到一位心仪的异性时,你是否会说出"请和我交往"?当遇到自己感兴趣的工作时,你是否会说出"请让我来做"?每天都通过自己的思考来做出选择,这就是人生。

每个人,为了在这个社会上获得更好的生活,为了让每天做出的选择都更加正确，必须不断地自主努力（学习）。而我们在每天做出选择时的判断依据，则来自于"修养"。

・教育——给予生存所需的最低限度的武器；

・修养——为了获得更好的生活，掌握作为思考材料的信息。

我们储存的知识和信息越多，思考和直觉等大脑活动的准确度就越高。因此我们应该尽可能地提高自身的修养。

知识就是力量

在 Life Net 生命的办公室附近，有一个叫作"空之色"的拉面店。我常去这家店。这家店的店主宫崎千寻，在上高中的时候很喜欢吃拉面，于是决定成为一名专业的拉面师傅。

要说这家店最大的特色，大概就是对女性顾客的特别待遇吧。宫崎希望开一家"让女性即便独自一人也能够安心品尝拉面的店"，因此店里从菜单到装潢，全都迎合了女性的喜好。

该店的招牌"蔬菜荞麦面",是全日本首创的从面条、汤料到配菜全部使用蔬菜的健康拉面。据说在制作汤底时,除了猪肉、鸡肉和鱼肉之外,还加入了盐渍贻贝和胡萝卜蜜汁酱。

宫崎之所以能够创造出"蔬菜荞麦面",正是因为他拥有非常丰富的与食材和拉面相关的修养(信息)。

没吃过贻贝的人和不知道蜜汁酱的人,是绝对做不出"蔬菜荞麦面"的。

他也和坂本龙一一样,只是改变了素材的组合而已。因为想出了"猪肉+鸡肉+鱼肉+贻贝+胡萝卜"的组合,所以创造出了前所未有的拉面。但如果在他的脑海里没有大量的信息,那么就算想破脑袋也无法想出优秀的创意。

知识就是力量。由此可见,只有有修养的人,才能够想出崭新的创意。

精神态度比"读书量"更重要

知道我是一名重度阅读爱好者的人,经常会问我这样一个问题:"要想成为有修养的社会人,应该读多少本书才好？"

虽然我们每个人都应该尽可能提高自身的修养，但并不意味着"量"是最重要的指标。我认为，如果把修养换一个说法，应该就是人类的"精神态度"，是一个人面对人生的态度。

因此每当面对这个问题的时候，我总是会想起时装设计师可可·香奈儿的名言。

我非常喜欢香奈儿这个人，凡是翻译过来的关于她的传记我都读过，电影也全看过，我完全被香奈儿的生活态度所折服。当她功成名就，在丽兹酒店享受余生的时候，曾经说过这样一句话：

"即便是像我这样上了年纪，没受过教育，在孤儿院长大的无知女人，也能够每天记住一种花的名字。"

只要多记住一种花的名字，那么对你来说世界上的谜团就又少了一个。这样一来，世界也就相应地变得更加简单易懂了一些。正如她所说，"人生很美好，活着很快乐"。我不禁思考，修养不就正是像她那种"想要了解更多"的精神态度吗？

只要坚持"想要了解更多"的态度，修养就会不断地提高，因此并不需要计算自己究竟读过"几本书"。

香奈儿在巴黎最豪华的宾馆，过着自由自在的生活，却仍然贪婪地想要对这个世界有更多的了解。无论何时，无论何地，都想要了解更多。这种对人生的态度，就是对修养的最好诠释。

2 获得修养的有效工具

用"三智"来获得修养

那么,应该怎样学习,才能让音符(知识、信息、数据)积蓄在脑海之中呢?

在位于日本长野县小诸市的藤村纪念馆中,收藏着一张岛崎藤村关于"三智"的纸笺。上面写着"人世有三智,分别是通过学习获得,通过与人交流获得,通过亲身经历获得"。

三智的说法最早出现在拜藤村为师的作家、染色家山崎斌创作的评传《古稀纪念出版 藤村的步行道》之中。在这本书中,有藤村亲笔所写的内容。

我也认为除了以下三点之外,没有其他获得修养的方法。

· 从"他人"处学习
· 从"书"中学习

·从"旅行"中学习

正确地理解世界

我认为,人类生存的意义在于让"世界经营计划的系统"顺利运转。也就是说,一个人只要还活着,就要时刻思考"应该如何理解这个世界,想要改变这个世界的什么地方,自己在其中应该承担怎样的责任"。

就算我们有改变世界的想法,一个人的力量也是非常有限的。因此,我们只能在自己现在所处的位置上做好自己该做的事。

我们都在努力地理解自己周围的世界。比如"原来我在这样的公司里工作"或者"在我的周围都有这样的人",等等。而且,因为人类具有上进心,所以每个人都或多或少地对自己周围的环境抱有不满,渴望将其改变。

"渴望改变自己周围的环境"这种心情,就是想要按照自己的想法来经营自己周围的环境,我将其称为"环境经营计划",每个人都是其中的一员。当然,一名员工不可能改变整个公司。但是像"员工食堂的菜单太千篇一律了,希望食堂能增加一些菜品。我大概可以这样做……"之类的情况或许是能够做到的。

如果让"世界经营计划的系统"顺利运转是人类生存的意义，那么首先就必须从正确地理解世界开始。但人类是只能看见自己想看的东西的动物，因为只能看见自己想看的世界，所以很容易产生偏见。我认为，要想正确地理解世界，首先必须用"纵横思考法"来看待事物。

·纵思考 / 时间轴

——根据人类或者公司的历史来思考（向前辈们请教，阅读古经典籍和公司历史等）

·横思考 / 空间轴

——根据世界上其他人或者其他公司的状况思考（调查其他国家或其他公司的实际情况，进行实际的尝试，也就是旅行）

将通过人、书、旅行得到的修养利用纵横思考法全面地展开，在绝大多数的情况下，我们就能够理解自己当前所处的位置。用长远和全面的视角导出的答案，不会受个人主观因素的影响。因此，这样的答案往往是最正确的。

书拥有的 5 个优越性

在人、书、旅行这三者之中，最能够有效地获得修养的工具就是书。

与旅行和人相比，书的优越性都有哪些呢？我认为包括以下 5 点：

① 流传百年的东西（古经典籍）很少出错；

② 花费的成本与时间都很少；

③ 不受场所限制，可以随处获得信息；

④ 时间轴与空间轴具有压倒性的广度和深度；

⑤ 能够获得比亲身体验更佳的经历。

① 流传百年的东西（古经典籍）很少出错

"想见某人的时候，马上去见""有人邀请我去吃饭或者喝酒，一般我都不会拒绝""接到邀请一定赴约"，这些是我做人的基本原则。

有时候看上去似乎很难接触的人，经过交流却发现实际上是一个很好的人，而且拥有令人感到意外的信息。曾经我有一个部下作为凑数的人去参加了一个联谊会，结果找到了女朋友。这对他来说绝对是"意外惊喜"。

但是，因为与人的邂逅充满了偶然性，所以也要做好遇到意外情况的心理准备。每个人的脾气和兴趣都不尽相同，见面后出现期待落空或者大失所望的情况也没什么好奇怪的。不过，如果坚持接触不同的人，那么总会找到良师益友。

在这一点上，书，特别是古经典籍，则很少出现错误的情况。

我之所以这么说，是因为古经典籍属于"历史、哲学、思想、科学、文学等人类创造和追求的知识成果，是被全世界的人不断阅读并流传至今的书籍"。

经历了漫长的历史的洗礼，被人们精挑细选地流传下来的古经典籍，毫无疑问是优秀的。历经多年仍然被许多人阅读的书，里面一定有极其普遍的，涉及事物本质的内容。

鉴于古经典籍经历了几十年、几百年甚至几千年的考验仍然经久不衰的这一事实，我们可以做出这样的判断，即"古经典籍出错的概率很低"="准确率很高"。

② 花费的成本与时间都很少

与人交流需要花费时间和金钱。相反，书与人和旅行相比，性价比显然更高。

假设你"想和美国总统当面交流"，就算你买机票飞到华盛顿，在那里待上一个月，每天都去白宫参观，见到美国总统的概率大概也会无限接近零。美国总统并非那么容易就能见到的。

但是，你只需要花上700日元，就能见到林肯总统。买一本《林肯演讲集》并读完，就可以实现。你可以在任何自己喜欢的时候，独自享受与林肯交流的时光。

③ 不受场所限制，可以随处获得信息

要想与人见面，必须提前决定时间和地点。但读书却可以随时随地、随心所欲地直接获得信息。

因为我非常喜欢读书，所以无论是坐飞机，还是坐新干线，或者坐地铁，只要我一坐下，就必须读书。因此，

在我的包里总是要至少有一本书。

因为一旦开始读书就必须集中精神，所以我很快就会沉浸在书的世界中，几乎每周我都会在搭乘地铁的时候坐过站 1~2 次。我搭乘新干线前往大阪的时候，秘书总会叮嘱我"最好搭乘终点站是新大阪站的新干线"。因为一旦在新干线上忘了下车，后果将会很严重。

④ 时间轴与空间轴具有压倒性的广度和深度

罗马共和国末期的政治家西塞罗在 2000 多年之前就留下了"不知道自己出生之前发生的事，就会一直像个孩子一样"的名言。

以前，在 Life Net 生命的内部学习会上，有一位 88 岁的出租车司机为我们讲述了东京大空袭的惨状。他的讲述充满了真实性，非常耐人寻味。但是，人类的一生平均只有 80 年。也就是说，仅凭与人交流，最多只能了解到 80 年前的事情。

外出旅行的话，可以见到很多历史建筑。但是，这些建筑未必保持着当初建成的模样。站在胡夫金字塔前面，或许可以和这位4000年前的埃及法老打声招呼,但吉萨的三大金字塔都经历过大规模的翻新和改造,与建成当时相比,已经是变了一副模样。

由此可见,在人、书、旅行三者之中,拥有最高的还原过去能力的,只有书。

通过书,我们能够与古人交流。比如希罗多德就在他所著的《历史》中对金字塔做出了这样的评价:"法老胡夫不顾国民的疾苦大兴土木,只是为了修建自己的陵墓。"(现在一些说法也认为胡夫的这一举动是为了拯救那些因为尼罗河泛滥而失去田地的农民。)

同时,书还具有最强的穿越空间的能力。

人类虽然还不能在宇宙中随意穿行,但却可以通过读书来了解宇宙的起源。读过卡尔·萨根的《宇宙》,就会知道在地球之外也很可能有生命存在。书就是能够穿越时间和空间的"时间机器"。

⑤ 能够获得比亲身体验更佳的经历

在意大利的威尼斯,每年的2月末到3月初都会举办为期两周的威尼斯狂欢节。在狂欢节期间，人们都戴着面具，身着华服，仿佛整个城市都变成了一个化装舞会的舞台。我曾经去过威尼斯20多次，参加过3次狂欢节。

威尼斯经常作为故事背景出现在电影和小说之中。盐野七生以意大利为舞台创作过许多优秀的历史小说，如他创作的《海都物语：威尼斯一千年》，是一部能够感受到浓厚的意大利人文气息的优秀作品。

鲁西诺·维斯康蒂导演的电影《魂断威尼斯》，就是描写居住在威尼斯的伯爵夫人与奥地利将军之间的悲剧之恋的历史名作。

我通过亲身体验、书和电影，全方面地了解到威尼斯之美。

在我的脑海中，自己亲眼所见的威尼斯的光景，与我在书中读到的对威尼斯的描写已经浑然一体，我甚至不敢说自己亲眼所见的光景就是我对威尼斯印象最深的记忆。如果我之前曾经在书中读到过到访的地方的话，那么我经常会对眼前的景象产生出极强的既视感。

或许，给我留下最深刻印象的，是在维斯康蒂的《魂断威尼斯》中所看见的威尼斯景象。虽然亲身体验确实具有极强的影响力，但一部真正优秀的电影或者文学作品，却拥有凌驾于亲身体验之上的感染力。

读过优秀的书之后会有一种好像"中毒"一样的强烈印象。并不是仅仅感觉"好有趣啊"，而是有些东西会一直在你的脑海中回响。如果你完全被书的魅力所吸引，沉浸在书的世界中，那么你的脑海中就会一直留有鲜明的印象。

我的学生时代，有一家叫作现代思潮社的出版社（现在名为"现代思潮新社"）。

这家出版社出版了很多埴谷雄高、吉本隆明、涩泽龙彦的著作，以及世界知名的思想书和哲学书。在我念大学的20世纪70年代，正值日本学生运动兴起，现代思潮社出版的前卫系和新左翼系的思想书深受学生们的喜爱。

现代思潮社的创始人石井恭二因为在1959年翻译出版了萨德的《于丽埃特》而被判猥亵罪，和译者涩泽龙彦一起为上诉而抗争。但我读过这本书，完全不知道什么地方有猥亵的内容。因为石井恭二坚持"左手萨德，右手道元，脑髓马克思"的宗旨，所以我一直觉得他是一个"了不起的人"。

这家出版社的广告宣传非常有特点,直到如今仍然给我留有非常深刻的印象。

"花香,书毒"。

这个广告借用了基督教神学家吕斯布鲁克的名言:"没有偏见的思想就像没有香气的花束。"他所要传达的意思就是,花要有香气才好,书则要有像毒药一样尖锐的思想才好。

有"毒"的书,才能深深地留存于读者的心中,甚至有可能改变读者的人生。

没有"毒"的书读完只能是"啊,真有趣!看完很轻松。好了,全都忘了吧,就这样结束了"。对我来说,读这样的书完全是在浪费时间。

没有香气的花,再怎么漂亮也不会给人留下深刻的印象。正因为拥有独特的香气,花才更显美丽。

书也一样,中毒让人心情舒畅。对我来说,只有看完之后能够产生出"啊,真是恍然大悟!""太有趣了,真想和人分享一下!"这样想法的书,才是好书。

"毒"性强的书,可以在脑海中留下丝毫不逊色于亲身体验的鲜明记忆和影像。阅读那些对心理描写和情景描写非常精妙的书时,情景会栩栩如生地浮现在你的眼前(脑海之中)。

米歇尔·维勒贝克的《地图与疆域》,就是一部在情景描写方面非常优秀、"毒"性极强的作品。

这本书的主人公是艺术家杰德·马丁。作为艺术家非常成功的他,在晚年开始用摄影机拍摄自己人生中遇到的人的照片。他在自己的家门前拉了一张幕布,将照片固定在上面,然后进行拍摄。经历风吹日晒雨淋的照片逐渐老化、褪色、破损,几周后就变得破破烂烂,直至最后消失。就像人类的身体也会不断老化最终化为尘土一样,自己深爱之人的照片也会同样老化腐朽……

因为极强的画面感,这个场面在我的脑海中留下了深刻的印象。尽管那是我从未亲眼所见的光景,尽管只是在书中读到的内容,那种场景却不可思议地浮现在我的眼前。

如果人、书、旅行的质量全都相同(相同条件),那么影响度最高的应该是旅行。因为在旅行中我们可以使用所有的感官来进行品味。其次是人，书的影响度是最低的。但是，我认为比起和无聊的人见面，去无聊的地方旅行，一本优秀的书所带来的影响会更强烈。

人生的五成都可以从书中学到

人、书、旅行，可以说各有千秋，无法说哪种方式好或哪种方式不好。大学四年的时间是用来读书，还是周游世界？哪一个更好？这些都无从判断。这应该是因人而异的。对于很喜欢旅行但很讨厌读书的人来说，或许旅行是明智的选择。

回顾我的一生，在人、书、旅行之中，从书中学到的东西所占的比例或许是最高的。人、书、旅行大概是"2.5∶5∶2.5"这样的比例。书之所以能占五成这么高，是因为我是一个重度的阅读爱好者。一般人的话，大概是从他人那里学到的东西所占的比例最高吧。

人、书、旅行的比例没有固定的答案。可以是"4∶3∶3"，也可以是"2∶7∶1"，还可以是"8∶1∶1"等。这要按照自己的实际情况分配。

但是，对我个人来说，如果书的比例是 0，那未免有点太浪费了。毕竟就像我前面说过的那样，书是最有效率地获得修养的工具。

3　从哪里开始学习才好

从自己喜欢的东西开始学习就好

通过人、书、旅行，应该学些什么东西呢？

· 自己感兴趣的东西

· 自己喜欢的东西

我认为从这两点出发都不错。喜欢的东西才能够做好，感兴趣的东西才能够坚持下去。把自己喜欢的事做到极致，往往比钻研其他的东西更容易一些。

当然，也可以在他人的推荐下大胆地进行尝试。做出和以往完全不同的选择，或许也会有意想不到的收获。有时候因为偏见而一直不肯尝试某种事物，一旦真的做了，或许会意外地感到其中的乐趣。但是，从"自己感兴趣的东西""自己喜欢的东西"开始学习的话，会让你毫无压力，一身轻松。

说起修养，或许很多人首先想到的是历史、哲学、思想、文学、艺术等文科领域的内容，但实际上并非如此。

任何事情只要做到极致都可以走遍天下。喜欢音乐的人，可以将音乐做到极致。只要广泛且深入地钻研音乐，一样可以从中找出了解历史和经济等其他学科的线索。

比如公元前 6 世纪的希腊学者毕达哥拉斯。以"毕达哥拉斯定理（勾股定理）"闻名于世的他，还因为利用数学探寻音乐的协调性而被称为音乐理论之父。读过《毕达哥拉斯的音乐》（吉蒂·弗格森　著）就会知道，毕达哥拉斯的思想，如今仍然在潜移默化地影响着物理学、天文学、数学、宗教学、建筑学等诸多领域。由此可见，以音乐为起点，一样可以广泛地收获各种领域的修养。

工作中必要的知识，要无条件地学习

有一件事对于专业人士来说是理所当然的，并不用我特意强调，那就是无论喜欢与否，都应该无条件地学习工作中必不可少的知识。医生就应该不断地钻研医学知识，棒球选手就应该不断地进行棒球练习，律师则应该不断地学习法律知识。

不过与自己工作相关的学习只要控制在最低的程度就足够了。在此基础上,应该将自己喜欢的东西作为修养努力学习。

4 文科七艺的必要性

日本还没有学习修养的环境

从古希腊、罗马时代到文艺复兴时期,有几个科目被认为是"让人类获得自由的学问"。它们分别是语法学、修辞学、逻辑学(与语文相关的三学),算术、几何、天文、音乐(与数学相关的四科)。

这七个科目被称为"自由七科"或者"文科七艺"。是身为自由人必不可少的修养。大学诞生于中世纪的欧洲之时,将文科七艺正式定为学问的科目。这一传统在西欧的大学中一直保留至今,现在仍然有很多传授文科七艺的学院。欧美诸国将学问分为人文科学、社会科学、自然科学等领域,建立了非常广泛的社会体制。麻省理工学院尽管以理工科见长,却也在文科七艺上投入了大量的资源。有一个被称为"SHASS"(School of Humanities, Arts, and Social Sciences)的人文及社会科学学院,同时还热衷于音乐教育。"MIT 交响乐团"似乎在全美国的大学中也拥有顶尖的演奏水准。

中国的"四艺"（琴棋书画），自古以来也被认为是有修养的人必不可少的知识。就连为政者也必须通晓这四艺。

在日本，"文科七艺"常常被翻译为"修养学/普遍修养"，并不像欧美那样流传广泛。将大学单纯地分为文科和理科，或许是日本独有的思考方法吧。本来，义务教育为的是对人进行教育（给予生存所需的武器），高等教育则是为了培养人的修养（文科七艺），但实际情况是，在日本鲜有完全进行文科七艺形式教育的大学。正因为如此，我才强调从人、书、旅行中获得修养的重要性。

日本的领袖，在世界范围上来看修养很低

中学美术课的时候，我看到了波提切利的作品。当时我很惊讶地想："世界上竟然还有这么漂亮的人吗？"于是把图书馆里的美术书都看了一遍。

从那以后，我就对美术和绘画史产生了浓厚的兴趣。事实上，"想要看那幅画""想要亲眼看一看那幅画的真迹"

的愿望，也是我旅行的原动力之一。

当我被派驻到伦敦工作的时候，只要一有空闲，我就会在回家的路上顺便去国家美术馆看一看。英国的博物馆一般都是免费入场。而且，因为博物馆里有很舒适的沙发，所以我有时间的时候，甚至每周都会去两三回。有一天，美术馆里的工作人员主动跟我打招呼。

工作人员："你是做什么工作的？"

我："普通的商界人士。"

工作人员："可是你来的次数真够多的。"

我："因为我喜欢画。"

工作人员："喜欢什么样的画？"

我："最喜欢15世纪意大利的作品。"

工作人员："既然那么喜欢，我介绍馆长给你认识吧。一起吃个午饭怎么样？"

我："那真是太好了。"

与馆长交换名片后，我发现他竟然是巴林家族的当家。

巴林家族是曾经与罗斯柴尔德家族平分天下的巨大金融集团。巴林银行因为与英国皇室之间有非常紧密的联系，因此又被称为"女王陛下的银行"，是一家豪门投资银行（于1995年破产）。

这位馆长身为一名银行家，同时在艺术方面也有令人惊叹的造诣。因此他才能够长时间地担任国家美术馆的馆长。

现在的日本，有像这样拥有极高的艺术造诣，并与代表国家的博物馆的身份相称的经营者吗？

或许曾经有过。比如"松方Collection"的松方幸次郎（现在川崎重工业株式会社的初代社长），就有让年轻的画家们也能够看到真正的西洋美术的气概。

遗憾的是，在如今的日本，已经很难找到这样的经营者了。

日本的领袖与欧美的领袖相比，往往给人一种缺乏修养的印象。

在世界舞台上，一个人如果想要受人尊敬，必须拥有很高的修养。

后来成为总理的法国政治家多米尼克·德维尔潘，在担任外交部部长的时候曾经强烈反对美国对伊拉克宣战。他在联合国安理会上的演讲非常著名。

"现在,不应该让行使武力变得正当化。"

"在没有充分沟通,双方都充满疑惑,甚至心怀恐惧的时候,不应该采取进一步的措施。"

……

在他演讲结束之后,会场内响起雷鸣般的掌声。

他的发言,即便没有被翻译,都会让人听起来心潮澎湃。当时定期向《世界周报》(日本时事通信社)投稿政治和外交新闻的我,因此对德维尔潘产生了兴趣,开始调查他的履历。

结果我发现,他在学生时代就因为研究阿蒂尔·兰波(法国诗人)而获得博士学位。他在身为拿破仑研究者的同时,还是一位诗人。因此,他的遣词造句才能够如此缜密和优美。

像德维尔潘这样的国际领袖,确实拥有极高的修养。除了自己的专业领域之外,他还对历史、哲学、文学等领域都有广泛的涉猎。那么,日本的领袖又怎么样呢?很久以前,还有像大平首相那样的读书家,然而现在的领袖都给人一种缺乏修养的感觉。

大学4年间把时间都花在社团活动和打工上,甚至无法专心致志学习的日本领袖,与完成了关于兰波的博士论文的国际领袖相比,谁胜谁负一目了然吧。

提前录用毁掉了大学生

我认为,"大学是未来产业的母体"。大学是培养一个人自主思考的最终场所。

找工作这种事,毕业后再开始也来得及。可是企业的提前录用破坏了学生们的学习活动。

因为有提前录用,所以学生们无法将全部精力都放在学习上。另外,提前录用还会导致这样的学生大量出现。

大学第一年,因为终于从应试教育的压力中解脱,所以疯狂地游玩。大学第二年开始准备找工作,第三年就正式找工作。大学第四年决定即将入职的公司,剩余的学生时代则都在游玩中度过。这样的大学生,究竟在什么时间学习呢?

我个人认为,将那些采取提前录用的企业的人事负责人,全都以"贪污公款"的罪名逮捕起来也没什么好奇怪的。大学每年要花掉纳税人2兆日元,理应是锻炼学生们自主思考的能力,让日本的未来变得更好的地方。可是却因为企业的提前录用,把这一切都破坏掉了。

大学时代,应该彻底学好自己喜欢的事情。毕业之后,可以像欧美国家的学生那样去世界各地旅行或者参加NPO(非营利组织),积累各种各样的经验,然后再选择一家企业就职。

根据某项调查显示,日本的大学生在大学就读的4年间,平均阅读量只有100本左右。与之相对的,美国的大学生在大学4年间的平均阅读量则是400本。彼此之间的差距非常明显。

不努力学习,不用自己的头脑思考,不通过人、书、旅行提高自身的修养——这样的学生将来在职场中怎么可能有好的发展呢?

曾经有某国立大学经济学部的学生来Life Net生命实习。他们对我说:"距离毕业还有一年左右的时间,请给我们推荐些值得一读的书吧。"于是我说:"既然你们都是经济学专业的,那肯定读过亚当·斯密和凯恩斯的著作了吧,那么接下来读点哈耶克的书怎么样……"

结果这些学生都不约而同地低下了头,我心里感到有些奇怪,于是问道:"读过亚当·斯密的人举起手。"令我感到惊讶的是,没有一个人举起手来。如果在国外的大学,这种情况恐怕根本无法想象吧。

如果你问一个日本的经营者自己的"座右书"是什么,肯定很多人都会说是《论语》。《论语》确实是非常优秀的古经典籍。但令人遗憾的是,绝大多数人看的《论语》都不是原著,而是面向普通读者的解说书。

而欧美的经营者则基本都阅读过霍布斯、卢梭,以及笛卡儿的经典著作。因此,两者之间文科七艺的质和量都有显著的差距。日本的经营者只是读过精简版的《论语》,就将其作为"座右书",实在是让人感到有些难堪。

我为什么没有大企业病

一个叫作"HONZ"的书籍介绍网站转载了我的书评。结果就有人评论说"出口先生选择的书,实在看不出是一个经营者应该读的书""这有点太随心所欲了吧""果然是奇葩，选择的书都这么不一样"。但我认为，从全球化的角度考虑，我的选择根本没有任何奇怪的地方。

或许有人认为"出口选择的都是一些奇怪的书"，但纵观世界，我应该才是多数派。日本的领袖，阅读的范围实在是太狭隘了。

虽然我曾在日本生命这样一个典型的日本大型企业工作，但是大家对我的评价却都是"并没有染上大企业病"。如果问我为什么没有受到日本生命的影响，答案大概是我的知识储备比较多吧。

自从我 30 多岁来到东京之后，连续 13 年几乎每天晚上都要喝酒应酬。而且基本都是和公司之外的人打交道，因此能够和许多不同的人交换意见。

我没有周末打高尔夫和看电视的习惯，取而代之的是每周阅读 10 本左右的书，阅读范围也非常广。同时我还非常喜欢旅行，我曾经去过 70 多个国家，足迹遍布 1000 多个城市。

通过人、书、旅行提高自身修养的结果，就是我能够更加全面和灵活地看待事物。也正因为如此，我才没有大企业病。

5 书、报纸、互联网的区别

报纸是对价值进行排序的工具

文字信息的来源,主要有书、报纸和互联网。虽然每一个都是需要"阅读"的媒体,但作用却各不相同。

报纸的时效性是有限的。与互联网相比,报纸从获得信息到发出信息之间需要进行的工程太多了。

比如发生火灾事故的时候,在现场的人可以直接用智能手机拍摄视频然后上传到互联网,全世界的人都可以瞬间看到这个信息。

而报纸则需要派记者去拍摄,撰写稿件,提交上级审查。审查通过后的新闻报道还要被送到校对部门和编辑部门,最后才会被刊登在报纸的版面上。在时效性上完全无法与互联网相比。

那么,报纸的优势究竟在哪呢?我觉得在于"文脉"。所谓文脉,就是将多个事件按照价值高低的顺序排列。

报纸将昨天发生的事情进行整理，判断"哪个新闻最重要"，然后根据重要度分配版面。

将新闻按照价值顺序排列，整理到一起，这就是报纸最大的作用。只有报纸能够向人类社会展现"这是最重要的事情"。

不同的报社对价值的排列顺序也有所不同，因此在阅读多份报纸的时候，往往会发现"竟然还有这样的不同啊"。这也是很好的学习过程，往往会成为激发我们思考的原动力。

互联网是具有优秀的时效性和检索性的工具

互联网的特点主要包括"时效性＋检索性"两点。

在时效性方面，互联网是首屈一指的。通过互联网，我们可以知道世界现在正在发生什么。比如像"在乌克兰首都基辅，反政府武装与政府军发生了冲突"之类的新闻会实时播报，即便我们在遥远的地方，也一样能够了解当地的情况。

互联网的检索性也非常优秀，可以像使用百科全书和词典一样使用互联网。

如果想知道某个新闻的背景，只要检索一下就可以了。不知道乌克兰在哪？使用谷歌等搜索引擎，只要输入"乌克兰"三个字，就会立刻知道"乌克兰位于欧洲东部，北连白俄罗斯，南接黑海，1991年于苏联解体后宣布独立成为共和国"。

不过，在互联网上也充斥着很多缺乏准确性的信息，因此要想找到值得信赖的资源需要一定的辨识能力。

在我刚入职日本生命工作不久，还是一名新员工的时候，如果工作结束得早，我就会靠读书来打发时间。结果经常被上司训斥"你怎么能在上班的时间看书呢，你在想什么啊？"。

但是，同样是读书，看百科全书的话却不会遭到训斥。大概别人以为你是有什么东西要查询吧。

从那以后，我在上班时间一有空闲就会阅读百科全书。我直到现在仍然很喜欢阅读百科全书，但在公司的办公桌上摆几十本百科全书很不现实，因此我开始用互联网来代替百科全书了。

书是将所有的知识整合到一起的工具

书是将作者想要表达的东西整合到一起的工具。除了共同创作的作品之外,一本书,只能提供作者一个人的世界观。如果一本书的作者是拥有真知灼见的一流作者,那么读者就能够通过这本书获得良好的修养。

另外,与互联网相比,书能够提供更加"全面"的知识。要想了解某种事物的全貌,书是最好的选择。无论是物理学、天文学、历史还是哲学,只有书才能够将这些领域的要点整合在一处,使读者能够更容易地把握这一领域的全貌。

在组织论中,追求各要素和部门最优化的行为被称为"部分优化";与之相对的,追求整体最优化的行为则被称为"整体优化"(total optimization)。我认为修养应该追求整体优化。有时候部分看起来正确的东西,对整体来说不一定是正确的。因此应该从一开始就把握事物的整体,理解其相互之间的关系。这样更便于对事物进行理解。

我非常喜欢曾经搭乘过的小型三叉戟客机。那么我只要通过互联网就可以查询到三叉戟客机的特点，结果一目了然。

但是，要想知道"航空行业今后将会怎样发展"或者"喷气式飞机会有怎样的进化"，仅凭互联网则是远远不够的。要想获得"飞机以及航空行业"的整体知识，书才是最佳的选择。

《征服与革命中的阿拉伯人》（尤金·罗根 著）是一部讲述阿拉伯近现代史的优秀作品。很多人在看完这本书后都会产生出这样一个疑问：1500年的伊斯兰诸国不但拥有很强的军事力量，并且科技水平也十分先进，为什么现在却变得如此低迷呢？

日本人对于从穆罕默德到倭马亚王朝再到阿拔斯王朝的阿拉伯历史是比较熟悉的。但那么辉煌的伊斯兰帝国时代，和现代阿拉伯社会的混乱之间为什么有如此巨大的落差呢？

阿拉伯社会在最近的500多年间究竟发生了什么？关于这个问题的答案，就算通过互联网查询，也找不到答案。要想了解从北非到中东如此广范围的历史，只能依靠《征服与革命中的阿拉伯人》这样的优秀书籍。

在时间轴和空间轴的广阔性方面，书拥有压倒性的优势，不仅如此，书还将这些内容都整合到一起，使读者能够一目了然。在这方面，不得不说书是非常难得的宝贵工具。

我认为，要想全面而且整体地了解自己感兴趣的主题内容，书是最好的选择。

将报纸、互联网和书按照特性分别使用

报纸、互联网、书，是拥有独特个性的工具。

·报纸——依据价值进行排序，传达文脉的工具；

·互联网——在时效性和检索性上表现优秀的工具；

·书——拥有广阔的时间轴和空间轴，能够传递整体知识的工具。

这三种工具不分优劣。只要根据实际情况选择合适的工具就好。

那么，我如何使用这三种工具呢？

首先是报纸。我每天早晨会花1小时的时间阅读3份

报纸。我会把标题全都看一遍，然后阅读那些感兴趣的报道。

看报纸可以对世界上究竟发生了什么事情，哪些新闻是比较重要的内容都"一目了然"。通过比较阅读3份报纸，我还可以了解报社对于不同的价值的排序，对世界上发生的事情有更进一步的了解。

然后是互联网。虽然我闲暇时也会利用互联网看一些新闻，但基本上我还是将互联网当作百科全书和词典来使用。当我与朋友或同事对话时产生出"那个词的真正含义是什么来着？"之类的疑问，就会立刻使用互联网进行检索。

我一般会在乘车和睡觉前1小时，以及周末的时候读书。当然也有出于兴趣的阅读，或者为了获得综合性的知识而阅读的情况。

因为读书是我的兴趣之一，所以绝大多数情况下我读书都不是出于功利的目的，只是因为"有趣""快乐"而阅读。

当我必须在某一领域进行系统学习的时候，书是我的首选。比如我最近想要系统地了解一下"安倍经济学",我就会阅读相关的书籍。其中,池尾和人的《连续讲义·通货紧缩与经济政策——安倍经济学的经济分析》、吉川洋的《通货紧缩——解明"日本的慢性病"的全貌》,以及翁邦雄的《经济大转变与日本银行》这三本书深得我心。通过互联网和新闻,只能获得一些零散的信息,无法完整地了解整体内容。因此书具有压倒性的优势。

　　从书中,可以获得经过综合整理的知识。通过报纸,可以获得最近的新闻。而互联网则取代了百科全书。这就是我对以上三种工具的使用方法。

6　不读书的人增多会产生怎样的影响

防止大学生不读书的方法

报纸、互联网、书，这三者之间并不是竞争关系，而是一定程度上的合作伙伴。只不过随着互联网的普及，看报纸的人越来越少了，或许是因为互联网（网络新闻）和报纸的市场存在着重合的部分吧。

是否喜欢"阅读"这种行为，属于一种兴趣爱好。或许会有人说，无论是书、报纸，还是互联网，"阅读文字的本质是没有变的"；但我却认为，阅读纸质媒体的行为，和观看电脑屏幕的行为稍微有一些区别。当然，或许我的这种想法本身有些过时了……

不愿意看报纸的人，或许也不喜欢看书吧。如果网络新闻能够取代报纸的话，那么看书的人必然也会越来越少。对于喜欢读书的我来说，这是非常值得担心的事情。

日本《读卖新闻》曾刊登过这样一条报道："不读书的

大学生数量增加。"报道上说,"询问大学生们1天的读书时间(包含电子书),平均只有26.9分钟。回答完全不读书的人占40.5%"(日本全国大学生活协同组合联合会进行的调查结果)。

那么,怎样做才能够防止大学生们不读书呢?我个人认为,可以模仿美国大学的做法。那就是建立一套如果不读书就不能毕业的体制。

在美国的大学,如果不读完老师指定的书籍就完全跟不上课程。而跟不上课程的话,自然也很难毕业。美国大学的学费十分昂贵,很多学生都背负着高额的学费贷款。据说在美国的大学有半数以上的学生都背负着学费贷款,平均数额大约在200万日元。

既然背负着沉重的债务负担进入大学学习,那么这些学生的想法肯定是"拼命学习,考取好成绩,进一个好公司,赚很多的工资,尽快把本钱捞回来"。因此美国大学生们的学习动机和日本的大学生们完全不同。如果老师让他们"读这本书",那么出于"尽快把本钱捞回来"的动机,他们一定会努力地把这本书读完。

日本当然也有自己攒学费的大学生。但绝大多数的大学生都是由父母出资承担学费的。因为花的不是自己的钱，所以当然没有"尽快把本钱捞回来"的想法。读书的意识也就很淡薄了。

极端点说，我们对学生应该更加严厉才对。或许日本也应该采用银行贷款的形式，让学生自己负担大学生活的费用。

这样一来，学生们就会认真地思考大学的性价（文凭和贷款）比，只有那些真正想要进入大学学习的年轻人才会选择继续念书。如果再采取优秀学生可以在毕业时免除一部分学费贷款的政策，那么或许日本也能够出现拼命学习的大学生。

没有修养的社会，政治与经济都会变得不稳定

我认为如果读书的人减少，既得利益者和为政者就会更容易统治社会。

不读书就无法获得修养。没有修养就无法进行自主思考。

对于统治阶级和单方面提供商品与服务的阶级来说，越是没有自主思考习惯的人越容易被操控。

比如日本曾经有一位首相说出这样的话："希望无党派的人不要参加选举，在家里睡觉就好了。"如果无党派不参加选举，那么拥有固定票的候选人就很容易以压倒性的优势当选。只要有强大的后援会支持，那么想当选多少次就能当选多少次。因此这位首相才会希望无党派的人"在家睡觉"吧。

在找不到标准答案的时代，我们只能凭借自主思考来做出选择。如果放弃思考被世间的动向左右了判断，那么很容易看错事物的本质。

日本的政局之所以很容易出现动荡的原因之一，就是许多当权者并没有用自己的头脑进行思考，而是被时势所左右。信奉新自由主义的小泉纯一郎取代了以大政府为目标的鸠山由纪夫，之后政权又交到新民主主义者安倍晋三的手里……由于这些被选出的为政者的政策缺乏一贯性，其结果就会在政局的动荡中反映出来。在外国人看来，或许会感觉日本真的很奇葩。

伦敦政治经济学院（The London School of Economics and Political Science）的尼古拉斯·巴尔教授，曾在IMF主办的演讲中指出："养老金等社会保障的主要负担在于支付，因此只能通过选举推举出对税金分配更有效的政府，或者通过推动经济成长增加支付能力，除此之外别无他法。"

但是，如果作为市民的个体没有一定程度的聪明才智，那么不但无法通过选举推举出优秀的政府，也很难通过构造改革来实现经济增长。

没有修养的人缺乏独立的思考

对于拥有既得利益的人来说，不用自己的头脑思考的人越多，就越容易受统治。在我们的消费生活中也是如此。

如果市民对于企业广告不做判断地全盘接受，那么就会出现趋同型的消费行动热潮。同时，被虚假广告欺骗的情况越来越多，这就是因为消费者没有用自己的大脑判断广告的正确性。

《花森安治传：改变日本生活的男人》（今野海太郎 著），就是对因为想要"增加不被企业欺骗的人"而创刊了《生活手帖》的花森安治的评传。

从我记事起,我的家里就有《生活手帖》。在《生活手帖》的文章中,现在仍然给我留下深刻印象的,就是比较实用品的性能的"商品测试"。这个企划通过实际的使用,彻底比较了当时几乎所有的生活用品的耐用性和实用性,可以说是具有很强的影响力。

比如袜子,经过反复穿着和多次清洗,测试最终会出现怎样的破损和什么程度的褪色。对婴儿车的测试则是实际推行 100 公里左右的距离。对烤面包机的测试是实际烤制了 43088 片面包,而且还同时刊登了这些烤好的面包片的照片……

像花森安治这样的人,对一部分的企业来说,确实是个麻烦的家伙。因为他绝对不会轻信广告,更不会被广告轻易地欺骗。会用 4 万片面包来进行测试的消费者,肯定不好对付。

可是,只有每个人都抱有"这是真的吗?"的疑问,用自己的头脑进行思考、做出选择、保护自己的生活,人们才能够过上更好的日子,工作也才会更加顺利。而要想实现这一切，我们必须在日常生活中不断地积累作为判断材料的修养。

比如人身保险，如果不进行仔细的思考和充分的比较，很难选出真正优秀的商品和服务。人身保险费，由相当于生产成本的纯保险费和相当于保险公司经费的附加保险费组成。保险是属于统计学范畴的商业活动（无论由谁来计算日本人的平均寿命，结果都是一样的），因此即便是不同的保险公司，在纯保险费方面都是相差无几的。与之相对的附加保险费，则因为保险公司的销售方法不同而存在着极大的差异。

通过网络进行直接销售，就像是消费者从自动贩卖机里购买罐装啤酒一样；而与之相对的上门推销，则像是消费者在居酒屋里喝啤酒。就算喝的都是一样的啤酒（商品），但因为销售方式的不同，其价格也会有很大的区别。应该购买罐装啤酒自己回家冷冻后再喝，还是直接去居酒屋要一杯冰镇啤酒喝，这完全取决于消费者自主思考后做出的选择。

第二章

书的选择
——"有趣的书"的铁则

1　学习未知领域知识的方法

要想系统地学习新知识，需要至少读 7~8 本书

我在日本生命工作时，经常和一个非常喜欢红酒的客户打交道。每次我和他一起出去吃饭，他都会说起很多关于红酒的知识。

一开始我只能随声附和，因为我虽然也喜欢喝酒，但对红酒并不了解。

但因为他每次必定提到红酒的话题，于是我心想：既然如此，我不如把握这个机会学习一下关于红酒的知识吧。

我去图书馆借了 7~8 本关于红酒的书。因为我认为就算是自己一无所知的领域，只要阅读"7~8 本"相关书籍，也能够系统地、综合地学习。

在学习新知识的时候，首先要读"厚书"

借到 7~8 本书之后，接下来就是阅读，这时候阅读的顺序非常重要。

学习新知识的时候，我一定会从"厚书"开始。最先读厚书，最后读薄书。

这是我个人的观点，我认为越厚的书，内容越准确。因为我觉得那些水平不够的人是写不出厚书的。

出版厚书需要花费更多的成本，出版社也不会找水平不够的人来写。只有真正有实力的人才能够写出厚书。而有实力的人写出来的书，出错的概率一定很低。

与之相比，薄书只是将厚书中的内容进行了简单的总结和抽象的概括。如果在没有掌握一个领域全貌的情况下只看总结和概括，那么很难对这一领域有系统的理解。

就算有看不明白的部分，也要将厚书一字一句地读完。你要相信，"只要读完这本书，就能够搞清楚几个不明白的地方"。当读完4~5本书的时候，你一定能够掌握这个领域的大致轮廓。

像这样读完几本该领域的厚书之后，就可以开始阅读薄的入门书了，这样可以一气呵成地系统性整理之前积累的知识。笼罩在你眼前的迷雾终于散去，你就可以体会到阅读带来的最大乐趣。

先读厚书后读薄书,就像是"刚入职的时候最好有一个严厉的上司"。

刚入职就遇到一个严厉的上司,会在一定程度提升你的承受力,这样无论遇到什么样的上司都能够顺利应对。但如果你刚入职的时候遇到的是一个很温柔的上司,那以后你再遇到严厉上司的时候恐怕就会手足无措了吧。

我是属于那种先难后易的类型,先从厚书读起,不但符合我的风格,还能够真正掌握知识。

学以致用

按照"厚书→薄书"的顺序系统地掌握知识,了解到"原来红酒的世界是这样的"之后,接下来应该做什么呢?

接下来当然是实际品尝红酒了。虽然购买红酒需要不菲的开支,但人生离不开消费,况且我的基本准则就是"今朝有酒今朝醉,身边不留隔夜钱"。

我的人生信条之一是"不留遗憾,不留遗产"。在我千金散尽品尝红酒的过程中,我和那位喜欢红酒的客户之间的交流也愈发深入，我对红酒也更加了解了。

知识经过自己的咀嚼和吸收之后就会变成修养

我在日本生命工作时，有一位客户非常喜欢神社。每次见面他都会给我普及与神社相关的知识。于是我和接待那位喜欢红酒的客户时一样，跑去图书馆借了许多与神社相关的书籍。

我花了大概3个月的时间读完7~8本书。在大致掌握了神社的基本知识之后，又去参观了日本的"一之宫"。

所谓一之宫，就是该国（基于律令的地方令制国60余州）最有渊源，在延喜式的式内社中排名第一的神社。从原则上来说，每个国应该只有一个神社可以被称为一之宫，但实际上却并非如此。因为有很多神社都认为"我才是排名第一的"。

由于神道认为"不必过于黑白分明"，所以很多神社都自称是一之宫，现在日本全国大约总共有106个一之宫。我花了3年时间，把这些一之宫一个不落地全都参观了。

到神社参观，当然要和神职人员交流一下。特别是在看书时如果遇到不甚理解的地方，可以当面提问，"我是从东京特意前来参观的，有些不懂的地方，可以请教您一下吗？""这部分究竟应该怎么理解才好呢？"。

比如和气清麻吕，他是在宇佐八幡宫神谕事件（一般指的是当时的高僧道镜借宇佐八幡的神谕，企图让自己登上天皇宝座的事件。但事件背景被认为是当权者因为藐视天武系的天皇而想让天智系的天皇上台而展开的政治斗争）中，挺身而出粉碎道镜阴谋的著名人物。可是和气清麻吕神社却只位于神社内一个偏僻的角落，给人一种非常孤寂的感觉。

于是我问神职人员："和气清麻吕在日本教科书上是非常著名的一个人物，为什么感觉在这里很不受重视呢？"对方回答我说："因为这座神社是明治时期新建的，当时没有别的地方了。而过去并没有对他进行祭祀。"

由此我们甚至可以推测出，"粉碎道镜阴谋的说法或许只是一种政治宣传的需要，是明治国家成立之后捏造的事实"。

像这样，通过阅读来掌握全貌，通过旅行来亲身了解，通过与人交流来解除疑惑。经过自己的咀嚼并吸收之后,知识就会变成我们的"修养"。

确定自己的规则后,就要坚持下去

或许有人认为"在什么也不知道的情况下就先阅读厚书,太难了",但我认为这是"规则"的问题。以我为例,当我开始学习新领域的知识时,会给自己制定如下的规则。

① 先找到"7~8本"相关书籍;

② 先从"厚书,内容比较难的书"开始阅读,把握整体的轮廓;

③ 最后阅读"薄的入门书",将整个内容系统化;

④ 通过读书学习之后,再进行实际的体验。

一旦确定了自己的规则,接下来就不会有任何的困惑,只要严格按照规则执行就好。

因为做违反规则的事或者改变规则都很麻烦,所以每当我想要学习新东西的时候,都会按照相同的规则来进行。

只要建立起一套简单易懂的规则,就不用再去思考"应该从何开始""应该怎样做"之类多余的事情了。

建立起自己的规则之后，应该尽可能地遵守规则。如果不按照规则进行，那么你无法明白这种做法究竟是不是真的适合自己。

如果严格按照规则做 3 次，却没有取得相应的效果，那就应该换一个规则（因为上述规则对我个人来说非常有效，所以我并没有改变过规则。）

2　为什么感觉阅读古经典籍很难

看不懂古经典籍是因为自己太笨

大约45年前，我还在念大学的时候，老师之中给我留下印象最深的就是高坂正尧。高坂老师是著名的国际政治学者。他在给我们上课的时候曾经说过这样一段话：

"如果看不懂古经典籍，说明你太笨。看不懂古经典籍的人就不要有继续留在大学中做研究的想法了。赶紧去找工作吧。但如果你看不懂现代的书，那说明写书的人水平低。"

明明用的都是日语，使用的是同样的汉字，为什么古经典籍给人一种很难以理解的感觉呢？

原因就在于"时代背景不同"。就算是同样一句话，如果时代不同，所表达的意义也会有所差异。让我举一个简单的例子。

比如看到"樱花"这个词，几乎所有人都会条件反射般地联想到"染井吉野"。

但染井吉野是江户末期人工培育出来的新品种。在《万叶集》和《古今和歌集》的时代，并没有染井吉野。那个时代的"樱花"大概指的是"山樱花"。因此《万叶集》和《古今和歌集》时代的人，与现代的人对樱花的理解是不同的。

像这样，即便使用相同的语言，但如果不了解时代背景，那么也无法正确地理解文中所要表达的内容。因此，古经典籍确实很难（我个人的阅读顺序是《百人一首》→《古今和歌集》→《万叶集》）。

但是，现代的书，作者和读者都生活在相同的时代。说起"樱花"，作者和读者想到的都是"染井吉野"。因此现代的书没有难以理解的地方。

如果生活在现代的人写出来的书让人看不懂，要么是写书的这个人知识和写作水平不行，要么就是他故意使用一些晦涩难懂的词语来卖弄学问。高坂老师认为"看这样的书纯粹是浪费时间。要想提高自己，最好去读古经典籍"，我很赞同他的意见。

3　阅读古经典籍的意义

古经典籍的优秀之处

我自己也写过一些商业书，我知道自己说这句话有些不妥，但我还是要说"看商业书不如看古经典籍"。

看10本商业书，不如看1本古经典籍得到的收获更大。毕竟在这个世界上，越是优秀的书，数量也就越少。

那么，古经典籍为什么比现代的商业书更优秀呢？我认为理由主要包括以下4点。

① 超越时代留存下来的东西，无条件正确；

② 能够学到人类最基本最普遍的喜怒哀乐；

③ 可以作为案例分析学习；

④ 锻炼自主思考的能力。

① 超越时代留存下来的东西，无条件正确

我对被称为"保守主义之父"的埃德蒙·伯克（英国

政治家）和《论美国的民主》的作者阿历克西·德·托克维尔（法国政治思想家）都有极强的亲近感。大概我的性格就属于"保守"吧。或许正是出于这种保守的倾向，我才一直认为"所有人都相差无几，人类的能力并不高"。

读完伯克的著作《反思法国大革命》，我发现"愚蠢的人不管多么理性地思考，都只能想到一些毫无意义的结果"。

比如法国大革命之后，人们用"共和历"取代了之前一直使用的格里高利历。用"葡、雾、霜、雪、雨、风、芽、花、牧、获、热、果"来命名12个月，一周10天，一天10小时，1小时100分钟，1分钟100秒，全部都是理性思考的产物。

但是，共和历只使用了不到13年。虽然这是一个追求合理性的产物，但从结果来看，却不符合人们一直以来的生活习惯。

伯克和托克维尔提倡的保守主义，简单说就是认为"在人类社会中长期留传下来的制度和习惯，无论出于何种理由，都是被人类所接受的，仅凭此一点便可以肯定其是正确的。因此，如果社会出现了问题，只要将出问题的部分稍微修正即可"。

持续了几百年的习惯和制度，我们可以不去追究其理由，直接将其放在"正确"的立场上。像历法这样的东西，只要不作改变就不会给任何人造成麻烦，所以保持原样就好。根据世间的变化进行细微的调整，逐渐减少不合理和不满，这就是保守主义的立场。

古经典籍就属于"不知道为什么会流传于世，但就是经过了时间的考验而流传下来的东西"。站在保守主义的立场上来看，就可以得出"既然经过了时间的考验得以留传，那么古经典籍之中所写的内容就一定是正确的"这样的结论。

就算是古人，一定也说过很多愚蠢的话。但那些愚蠢的作品根本无法承受住时间的考验，自然而然就消失了。能够流传至今的古经典籍，"就算不知道留传下来的理由和原因，也一定具有某种意义"。既然如此，我们就应该无条件地将其放在正确的位置上。

② 能够学到人类最基本最普遍的喜怒哀乐

有人以"现在是互联网的时代，阅读古经典籍已经起不到任何作用"为由，否定古经典籍的价值。但我却认为即便在当今社会，古经典籍仍然具有不可替代的作用。

具有不同时代背景的古经典籍，为什么对现代的我们仍然有用呢？

那是因为，控制我们人类行动的大脑，从大约13000年前的驯化时代到现在都没有任何的进化。所谓驯化，指的是人类为了征服自然界而开始采取的一切行为的总称。征服植物就是农业，征服动物就是畜牧业，征服金属就是冶金，最后人类为了征服自然界的规则而创造出了神这一概念。

比如莎士比亚的戏剧，由查尔斯王子担任董事会主席的"RSC"（皇家莎士比亚剧团）被认为是全世界水平最高的剧团。

这个剧团有时候非常创新。我还记得大约20年前我在伦敦观看 RSC 的《威尼斯商人》，一开头的场面就是身穿黑色西装的商界人士，拿着公文包，打着电话，最后还敲打起了键盘。

明明这是一个发生在中世纪威尼斯的故事，可舞台上的男性却穿着西装。虽然这是一部经典剧，但是却能够以现代的设定完整地重现在舞台之上。由此可见，《威尼斯商人》描写的故事具有极强的普遍性，剧中人物所表现出来的喜怒哀乐，无论在当时还是在现代，都没有任何的改变。因此，无论剧中人物穿着什么样的服装，这部剧都依然成立。顺带一提，莎士比亚的作品无论怎样读都会感到十分有趣。我个人比较喜欢小田岛的译本，但因为很多人都翻译过莎士比亚的作品，所以比较阅读不同的译文也是一种乐趣。日本人貌似很喜欢四大悲剧（《哈姆雷特》《李尔王》《麦克白》《奥赛罗》），但我更喜欢历史剧和喜剧。

另外，我们之所以会有"人类在进化"的感觉，是因为将大脑的活动与技术文明混为一谈的结果。进化的并不是人类的大脑，而是"技术"。

比如冲水坐便器。在我小的时候，因为手纸不是很充足，所以常常要用报纸来代替手纸。在现在相当于是报纸

→手纸→冲水坐便器的进化。但这只是厕所的技术进步了，而人类的大脑并没有任何进化。并不是想要"干净"的欲望发生了进化，只是清洁的手段进化了而已。

在自然科学的领域，伴随着技术的进步人类每天都会有新的发现。比如太空望远镜的进化，让我们能够看到132亿光年之外的星系。超级计算机的进化，让我们能够在1秒内进行"1京"（1的后面16个0）次的计算。

但是，在文学和音乐这些相对来说缺乏技术助力的人文科学领域，天才的出现是非常难得一见的。时至今日，人们仍然没有创作出能够超越贝多芬的交响曲，也没有制作出能够超越斯特拉迪瓦里的小提琴。要问为什么会出现这种情况，答案是人类的能力和大脑的结构，自从13000年前就再也没有进化过。

13000年的时间，相对于智人20万年的历史来说并不漫长，在这个时间里，最优秀的天才何时出现，完全是一个随机的随机数。

我认为，在希腊的悲剧中，就已经描写了人类全部的喜怒哀乐。直到现在，也没有能够超过被称为三大悲剧作家的埃斯库罗斯、索福克勒斯和欧里庇得斯的悲剧作品。岩波书店出版的《希腊悲剧全集》(全14卷)，就是我百读不厌的佳作之一。

如果大脑没有变化，那么人类所能够想到的东西就是相同的。我们甚至可以认为，只要人类大脑的结构没有改变，那么就不会诞生能够超越这3个天才作品的悲剧。

那么，为什么这3位悲剧作家都诞生于相同的时代呢？难道是因为有什么特别的原因吗？我认为应该这样思考："他们3人只是刚好都诞生于2500年前。"偶然的要素比我们想象中所造成的影响更大，进化论就是最好的典型。

19世纪俄罗斯的小说家伊凡·谢尔盖耶维奇·屠格涅夫在《哈姆雷特与堂吉诃德——外两篇》中将人分为哈姆雷特型和堂吉诃德型。还有人认为应该再加上唐·璜型，将人分为三种类型。

・哈姆雷特型——优柔寡断，犹豫不决的类型；

・堂吉诃德型——为了梦想勇往直前的类型；

・唐·璜型——放荡不羁追求异性的类型。

有趣的是，哈姆雷特、堂吉诃德、唐·璜，全都是17

世纪前半段创作的小说中的人物。那么,为什么他们都集中出现于 17 世纪前半段呢?我觉得这也只能是一种偶然。《堂吉诃德》是非常有趣的作品,请大家一定要读一读。另外,其作者塞万提斯本身就是个很有趣的人。《像堂吉诃德一样——塞万提斯自传》(斯蒂芬·马洛 著)也是很有意思的作品。

人类的类型,人类的喜怒哀乐,都已经在许多古经典籍之中被最优秀的天才们展现过了。这也正是古经典籍的作用。通过古经典籍,我们可以了解到人类最本质的、最普遍的、最根源的、最基本的喜怒哀乐。

③ 可以作为案例分析学习

在优秀的历史书和小说中登场的形形色色的人物,可以作为人类社会最好的案例分析。阅读那些对人类的心理有深入描写的古经典籍,可以从不同角度了解到"人与人之间构成的社会究竟是怎样的"。

正所谓知人知面不知心,人类是非常难以把握而且捉摸不透的复杂生物。在上司面前装出一副老实听话的模样,但实际上却在背地里拖后腿的人，在现实世界实在是太多了。这就是人类社会的真实情况。

比如你看到上司的举动，或许会有"和那个小说中的那段描写完全一致"的感觉。甚至还有玩忽职守的部长，当着负责人的面点头哈腰地说"是，就按您说的办"，等回过头来却说"那家伙又拿这些空虚的指示吓唬人，我才不干呢"。

或许大家都有过工作上被别人拖了后腿而后悔不已的经历吧。在这种情况下，我们能做的事情并不多。最多也就是客观地看待结果，然后用"这次没办法，下次注意不要重蹈覆辙"之类的说辞来安慰自己吧。

阅读古经典籍可以让我们清楚地看到"社会中竟然还有这么差劲的人""人类真是千差万别"，这样在我们遇到意想之外的对手时，才不至于产生动摇，反而能够从容应对。

比如在选举的投票日，总会有因为对政治不信任或者不关心政治的年轻人放弃投票权。他们的理由是"不喜欢〇〇党，△△党太狼狈了，不知道××党想要做什么，根本没办法投票"。

即便如此，我仍然认为应该去投票。为什么呢？因为选举本身就是为了选出"更好的人"而存在的体制。

距今大约100年前，英国首相温斯顿·丘吉尔曾经这样说道："所谓选举，就是要在不值得信任的候选人中，选出一个相对好一些的人，是一种'忍耐'。"

即便是以成为政治家为目标，这些候选人也不可能全是优秀的人。有渴望出人头地的，有想要获取利益的，有以赚取金钱为目的的，还有企图用演讲来蛊惑人心的。

丘吉尔认为"民主主义是最低级的政治形态。但却好过之前尝试过的所有政治制度"。正因为如此他才会说出前文中的那句话。

如果通过阅读经典著作了解到丘吉尔的这句话，我们就不会做出"选举这么愚蠢的行为，干脆不要去参与了"的错误选择。就算没有中意的候选人，也可以这样想：正如丘吉尔所说，选举就是一种忍耐。不愧是伟人啊，那就按照他的说法用排除法来决定选谁吧。

古经典籍还可以为我们提供商业活动中的案例分析素

材。在我们的日常工作中，往往要和各种各样的人打交道。有卑鄙的小人，也有宽厚仁和的人；有冷漠的人，也有热情的人。

当你的工作出现失误，遭到上司的严厉批评时，如果读过《韩非子》（韩非 著）的话，那就不会因此过于激动或者意志消沉。因为你能够理解"这个世界上虽然有很多人，但人类这种动物的天性是永远也不会改变的"。

古经典籍是最好的案例分析素材。阅读古经典籍，可以让我们轻而易举地获得对人类和人类社会的认识。我们不用从头开始思考，可以"站在巨人的肩膀上"，只要心怀感激地利用前人总结下来的知识就可以了。

我认为几乎所有的人都被偶然所左右，如同河流中流淌的水一般随波逐流。这就是人类最自然的生存方式。

谁也无法预知未来，而世间又是在不断变化的。与其为了先人一步而付出艰苦的努力，不如让自己随着世间的流动而流动，每天尽情地享受世间给予我们的东西，这就是我的生存方式。与拼命预知未来相比，让自己适应发生的变化更加重要。

我之所以会有这种想法,就是因为通过古经典籍的案例分析对当今社会进行了观察。我对人类生存方式和社会存在方式的了解,可以说有五成都来自于阅读。

④ 锻炼自主思考的能力

"自主思考"是人类最本质、最根源的价值。但自主思考也是一种技巧,并不是轻易就能够掌握的。

我经常用滑雪来做比喻,滑雪这项体育运动,简单说就是用一个专门用来滑行的滑雪板,在底部涂上专门用来滑行的蜡,然后让人站在上面,在一个专门用来滑行的斜坡上滑行。

专门用来滑行的滑雪板再加上专门用来滑行的斜坡,从原理和原则上来说,这应该是一项"非常容易滑行"的体育项目。但就算是这么单纯的体育项目,如果没有教练的指导,一个初学者恐怕也很难滑好吧。

和滑雪一样,如果没有指导,人类的大脑一样不知道"自主思考究竟是什么"。而让人类的大脑掌握自主思考方法的工具就是书(古经典籍)。

我向经济学部的学生们推荐亚当·斯密的《国富论》，结果很多学生都这样回答我说："亚当·斯密吗？就是那个提出市场经济的概念，以'看不见的手'而广为人知的人吧。虽然我没读过《国富论》，但知道这些就足够了。"

他们对亚当·斯密的了解，最多也就是看过维基百科上面所写的内容的那种程度吧。

我之所以向学生们推荐亚当·斯密，并不是想让他们了解《国富论》的概要。而是希望他们能够认识到早在250年前，亚当·斯密就已经知道如何用自己的头脑思考并找出市场经济的原理了；然后随着亚当·斯密的思考过程，认识到"原来如此，应该按照这样的步骤来思考事物"。

正如哲学家木田元经常说的那样，"一字一句地阅读古经典籍，感受作者的思考过程，是锻炼人类思考能力的最好方法"。

找一个专业教练学习滑雪，不但要忍受严格的训练，还要花费不少钱，你却能很快成为滑雪高手；找朋友学滑雪，朋友不会对你太严厉，而且也不用花钱。但是，这样不仅很难成为滑雪高手，而且还容易养成和朋友一样的坏习惯。

在锻炼"思考能力"的时候也是如此。

阅读普通人写的书，和阅读亚当·斯密、亚里士多德、笛卡儿等超一流学者呕心沥血创作的经典著作，哪一个更能够锻炼思考能力呢？

毫无疑问是后者。古经典籍或许难以理解，但通过阅读古经典籍来体验超一流专家的思考流程，却能够极大地提高思考能力。

我还是一名工薪族的时候，有一位前辈问我："如果你成了上司，一定要多和部下交流。但是，你知道和部下交流，究竟指的是什么吗？"我做出了如下的回答：

"假设公司有 A 方案、B 方案和 C 方案，那么我会问部下'你觉得哪个方案更好'。"

但这个回答却遭到了前辈的训斥：

"这样的问题不是等于白问吗？你问'A、B 和 C 你支持哪一个'，对方回答'C'，这就完了？与人交流，不是只听取结论。"

前辈的意思是"通过交流来了解对方的思考过程和思

维模式。如果没有做到这一点，那么就不能称之为交流"。

部下究竟属于如何对事物进行思考的类型，拥有怎样的个性，在得出"支持C"这个结论之前，究竟进行了怎样的思考。如果不知道这些的话，你就无法充分地利用这个部下。

"与人交流"，不仅仅是知道这个人对某件事"是赞成还是反对"。

比如问一个人"你喜欢棒球还是足球"的时候，如果对方只回答"足球"，那么你完全无法了解这个人。

但是，如果对方回答"人最灵巧的身体部位是手。而足球却完全不能用手，所以我感觉足球很有意思"，那么你就可以更加具体地了解对方。

要想了解一个人，或者锻炼自己的思考能力，就必须理解对方的思考过程，除此之外别无他法。当你了解对方的思考模式之后，你的思考能力也会随之得到锻炼。

4 选择经典作品的方法

阅读自己喜欢的或内容有趣的经典作品

阅读哲学书和优秀的文学作品,可以让我们更好地了解人生。不过,除了哲学书之外,还有许多其他了解人生的方法。

认为"哲学书太晦涩难懂了,对哲学书没有兴趣"的人,可以随便选择一个喜欢的种类阅读。读书应该是一种乐趣和享受。如果没有选择一个自己喜欢的内容或者有趣的内容,那么或许读完也没有任何收获,要么就是在读到一半的时候放弃。

即便在漫画之中,也有不少经典名作。

长谷川町子创作的《螺蛳太太》和《坏婆婆》,都可以让我们学到很多人生的哲理。《螺蛳太太》创作于大约70年前,《坏婆婆》创作于大约50年前,之所以能够流传至今,正是因为其中包含着具有普遍性的艺术魅力。

或许有人认为"只看漫画的人会变成傻瓜",但我并不这样认为。我记得在我上小学的时候,正逢《少年星期日》和《少年漫画》创刊,我每期都会买回来看。

大学时代确实应该多读些经典好书。但进入社会之后,只要选择自己喜欢的内容就好。在具备了基础的修养之后看一些漫画,我觉得并没有什么不妥。

不习惯阅读古经典籍的人可以从"薄书"开始

在前文中我曾经说过,"要想系统地学习新知识,应该从'厚书'开始阅读"。我认为,在阅读目的非常明确的情况下,就算有些晦涩难懂,也应该从"厚书"开始阅读。

但是,如果并没有明确的目的,只是想阅读一些古经典籍的话,我建议最好从"薄书"开始。

对于从来没做过的事情或者不太情愿去做的事情,如果一上来就有一些负担的话,很容易使人难以继续坚持下去。古经典籍中有很多非常难啃的大部头,如果一上来就从厚书开始阅读,中途放弃的概率很高。

我建议没怎么读过古经典籍的人,可以按照以下的方法来挑选作品。

① 去书店和图书馆找 10 本较薄的经典好书；

② 根据标题找出 2~3 本自己感兴趣的作品；

③ 读起来感兴趣的话，就在这个题材内挖掘更多的书。

无论在图书馆还是书店都可以，首先站在岩波文库的区域，找出 10 本经典的"薄书"。当然，不是岩波文库出版的也可以，但因为岩波文库的古经典籍的种类比较丰富，所以选择起来相对容易一些。另外，因为难以定义"从什么时期到什么时期的作品能够被归类为古经典籍"，所以可以简单地认为"凡是被岩波文库或者东洋文库收录的作品都可以算作古经典籍"。

选好 10 本之后，接下来就是依次看这些书的标题，挑出 2~3 本"感觉很有趣"的古经典籍，然后阅读。

如果在读完之后感觉"确实很有趣"的话，那就找这个作者的其他作品，或者与之相类似的作品继续阅读。

尽量看"原著"而不要看解说书

我并不推荐大家阅读面向大众读者的解说书。我认为比起看解说书，直接看原著的作用更大。

虽然并非所有的解说书都一无是处，但与亚里士多德相比，恐怕再也没有比他更加优秀的解说者（学者）了吧。如果阅读的是二流甚至三流学者根据自己的思考创作出来的解说书，那么作为读者的我们又如何能够感受到原著中原作者的思考过程呢？如果解说人的水平没有原作者高，那么解说书就不可能超越原著。

以棒球比赛的解说为例，或许大家会更容易理解。我们之所以感觉棒球比赛的解说很有趣，是因为棒球比赛的解说员曾经是职业的棒球选手，而且拥有超一流的水平。江夏丰、野村克也、丰田泰光，这些人本身就是超一流的选手，所以自然拥有很高的解说水平，解说词也非常逗趣。

但是，如果让一个连主力队都进不去的选手当解说评价"一郎的击打如何"，那就很缺乏说服力了。而且作为观众的我们也完全无法接受。

书也是一样。就算晦涩难懂，古经典籍也最好看原著。

在我认识的人中，甚至有为了看原著而专门学习了英语、德语、希腊语、拉丁语的强者。普通人恐怕做不到这一点，但我觉得看翻译过来的版本也足够了。

当然，在解说书中也有非常优秀的作品。如果感觉"一上来就看原著，太难理解了"，那可以从岩波书店的《书籍诞生》系列（全30卷）开始。

《书籍诞生》是活跃在文学第一线的学者们精选的全世界具有代表性的经典作品，并且对古经典籍诞生的时代背景，以及古经典籍所拥有的历史意义都进行了广泛且深入的分析与介绍。

因为这个系列主要是由将来文坛的希望之星们合作完成的，所以在内容水平上可能有点参差不齐，但除掉这一点不谈，整体来说读起来还是非常有趣的。如果在阅读完《书籍诞生》之后对原著产生了兴趣的话，就可以去找原著来阅读。

5 选择现代书的方法

选择现代书时的规则

为了获得修养，应该优先阅读经典作品。但这并不意味着"阅读现代书毫无意义"。无论是宇宙论、历史学、脑科学、生物学，还是宗教学，学问每一天都在不断地发展，所以学习现代的知识也具有非常重要的意义。

与古经典籍不同，现代书每天都会出版很多种类（每天大约200本），如何从浩如烟海的现代书中选书呢？我给自己制定了如下的规则：

① 选择自己感兴趣领域的书；

② 选择"一下子就映入眼帘的书"；

③ 翻阅"最初的5页"来做出决定；

④ 看3份报纸的"书评专栏"，选择感兴趣的书；

⑤ 不要在意"作者"；

⑥ 可以通过"SNS"来听取他人的意见；

⑦ 不要读"畅销书"。

有的人虽然经常买书,却读也不读就堆积起来。也就是所谓的"堆积党"。如果要问我有没有堆积的书,我的回答是没有。

对于我来说,首先就没有"不知道会不会读,但因为这本书很热门,所以先买回来吧"的情况。

我从小就有某种洁癖,认为"无聊的书就连放在身边都是一种羞耻"。如果一本书我看了5页感觉没意思(或许是买错了),那么原则上我就会把这本书卖掉或者扔掉。读还是不读,对我来说就是 all or nothing。因此从结果上来说,我没有堆积的书。直到现在也是如此。

如果能够坚持自我规则,只购买"想读的书"和"感兴趣的书",那么就不会出现堆积的情况。当然,如果在想读的书太多的时期,因为一时间确实读不过来,会出现暂时的堆积。

① 选择自己感兴趣领域的书

与阅读古经典籍一样,如果并不是自己想读或者感兴趣的书，那么很有可能出现半途而废的情况。因此，在选择现代书的时候也要遵循"阅读有趣的书"这一基本准则。

我对优秀的小说和传记、优秀的学术书（天文学、生物学、脑科学、历史、美术史、哲学、宗教等）都比较感兴趣。

人类从哪里来，到哪里去，这个疑问或许是人类永恒的主题。我之所以对天文学、生物学、脑科学、历史、宗教等内容感兴趣，就是因为我认为在这些领域能够找到解答这一问题的线索。

人类是由星星的碎片组成的。构成人体的元素，原本存在于宇宙之中。因此我对天文学（宇宙论）很感兴趣。

诞生于20万年前的智人是如何生存的，这就是"历史"。因为人类属于动物，而控制其活动的则是大脑，所以我还喜欢生物学和脑科学。另外，人类最后将去往何处，要想思考死后的世界，"哲学"和"宗教"则是必不可少的。

我所喜欢的天文学、生物学、脑科学、历史、哲学和宗教，全都是与"人类从哪里来，到哪里去"这一根源的问题相关联的。另外,我还对美术史很感兴趣。

② 选择"一下子就映入眼帘的书"

日本最著名的读书家——日本上皇后美智子,似乎从小就很喜欢阅读古经典籍。之前曾经有记者问她:"如果让您可以摆脱现在的身份,自由地行动一天,最想做什么?"她的回答是:"想去上学时常去的神保町的书店,再一次花上很长的时间站在那里读书。"

她的这种心情,现在的我也非常理解。我曾经也很喜欢神保町,我最喜欢的就是花上 2～3 个小时从"信山社 岩波 BOOK CENTER"一直走到"三省堂"。有时候我还会一边找新书,一边去旧书店询问"我的这些书,现在能卖多少钱"。如今我的全部精力都放在 Life Net 生命的经营上,自从我 60 岁开创 Life Net 生命的时候起,我最喜欢的看电影和逛书店等休闲娱乐活动就全都被我抛弃了。

过去当我在书店里闲逛时,偶尔会有一本书一下子映入我的眼帘,仿佛在对我说"读一下吧"。如果这本书的标题和装帧都符合我的兴趣,那我就会买下来。最近,我在图书馆的新书角就发现了一下子就映入眼帘的书,即《物数寄考——古董与葛藤》(松原知生 著)。这本书介绍了深深痴迷于古董、古代美术以及古代文物的六个人——川端康成、小林秀雄、青柳瑞穗、安东次男、柘植义春、杉本博司,通过他们之间的纠葛,描述了古美术爱好的本质,是一本非常优秀的作品。当我看到这本书封面上奇形怪状的志野烧的照片和"古董与葛藤"的副标题时,就立刻意识到"这本书我是非读不可了"。前文中提到过的《地图与疆域》(米歇尔·维勒贝克 著),也是在我看到弗美尔的封面后就"举手投降"了。

像这样的优秀作品,就像有自己的灵魂一样,会主动出现在你的视线里,让你忍不住去阅读它。

③ 翻阅"最初的 5 页"来做出决定

在书店和图书馆选书的时候,无论什么书都应该翻阅"最初的 5 页"(不包括"前言"或"序",是正文的 5 页)。

读完 5 页之后,如果觉得有趣就买下来,如果"不知道想要表达的是什么",就把书放回去。

如果一本书最初的 5 页就很引人入胜，那么一定会吸引人坚持读到最后。凡是不符合这一点的书，几乎都会让人在阅读的过程中放弃。

我一般看完最初的 5 页就知道自己"想不想读"这本书。如果认为"5 页很难判断出一本书的优劣"，完全可以读 10 页或者 20 页。

任何一个作者在创作时肯定都希望自己的作品有读者。他们肯定会拼命地写一个好开头。如果连这最初的 5 页都很无聊的话，那么继续阅读这本书就完全是浪费时间。

④ 看 3 份报纸的"书评专栏"，选择让你感兴趣的书

2008 年我正式开创 Life Net 生命的时候，每天都忙得不可开交（初创企业的经营者根本就没有休息日，毫无疑问这是我的人生中物理意义上工作时间最长的时期）。我基本没有去书店的时间。因为没办法去书店精挑细选，所以那几年我基本都是通过 3 份报纸的书评专栏来选书。

我认为"报纸的书评专栏是报纸中最优秀的版面"。

为什么这样说呢？因为书评专栏中的书评委员，是全

日本公认的超一流学者或评论家。而且因为每条书评后面都有署名，所以他们都会为自己的评论负责。

"这个人似乎很有名，但他的书评写得这么差劲，所以他的修养肯定也不怎么样"，如果被人这样想的话一定很丢人吧。因为阅读书评专栏的人基本上都是喜欢读书的人，如果在书评专栏里不负责任地乱写一气，那么他在读者中的评价肯定会一落千丈。在这种压力的驱使下，书评人必然会很仔细地选书，认真地撰写书评。他们不可能随随便便就推荐一本书。

另外，日本的报社一直很重视中立性，因此选书的范围十分广泛。阅读书评专栏里介绍的书，可以获得各个领域的修养。

·书评委员为了自己的声誉会仔细地选择好书；

·书评专栏会很有平衡性地介绍所有领域的书。

根据上述两点，我们就可以得出"报纸的书评专栏是报纸中最优秀的版面"的结论。

3份报纸一周内大概会介绍50本左右的新书。如果其中有让你很感兴趣想要阅读的书，可以立即通过电脑向图书馆订阅,如果图书馆没有的话可以购买。

⑤ 不要在意"作者"

我完全不在意一本书的"作者"是谁。我在书店和图书馆选书的时候,只看标题、封面和最初的 5 页来进行选择,我认为"看完书之后再知道作者也没关系"。

当然,在读完一本书后,如果产生出"这本书真是太有趣了!作者究竟是谁啊?"之类的想法,我就会把这个作者的所有作品都找出来读一遍。比如过去的高桥和巳、辻邦生、须贺敦子,现在的盐野七生、山田咏美、佐藤贤一、冢本青史,我想要将他们的作品全都读一遍。

⑥ 可以通过"SNS"来听取他人的意见

这个方法我并没有用过,但我觉得如果不知道究竟应该看什么样的书,可以通过推特或者脸书等社交网络来寻找。

比如你可以发送一条消息,"我喜欢这种主题,大家有没有推荐的书?",这样自然就会有人为你推荐。但对于推荐的作品也不能盲目地接受，应该先阅读最初的5页后再做决定。这样你就可以判断哪些书是自己真正喜欢的。或者也可以上具有一定口碑的书评网站看看。当然，读一读朋友推荐的书也是个不错的主意。因为亚马逊的读者评论和推特一样良莠不齐，所以我不会参考。尤其是匿名的评价，一般来说都不足以采信。

⑦ 不要读"畅销书"

我对所谓的"畅销书"都没什么兴趣。销量高不证明就一定是优秀的作品，只是刚好迎合这个时代罢了。不过，报纸的书评专栏中书评委员们推荐的畅销书，有时候是值得一读的。

6　活用图书馆

去图书馆找想读的书

我43岁被派驻伦敦工作的时候，处理掉了所有的唱片和书，从那以后就没怎么买过书。

而在此之前，我对书的要求很高，甚至"只买初版书"。即便如此，我家就连走廊里都堆满了书，曾经有几回书墙倒塌，我还被埋在下面。

岩波讲座系列都被我放在箱子里，又硬又沉，一旦砸到人可不是闹着玩的。书墙倒塌时发出的巨大声响真的让我感到十分危险。

于是我只留下了《哈德良回忆录》（玛格丽特·尤瑟纳尔 著）、《先知》（纪·哈·纪伯伦 著）和《坏婆婆》（长谷川町子 著）等几本爱不释手的书，其他的都卖掉了。

因为书太多也是一种麻烦事，所以我最近主要去图书馆借书。

如果在报纸的书评专栏里发现非常想读的书，我就会通过电脑向图书馆申请借阅。目前我主要利用三家图书馆，借阅的书经常保持在 10～20 本。

如果图书馆的回复是"1～2 个月内能够借到"的话，那就提交借阅申请。

但如果图书馆的回复是"在您之前还有几十个人的借阅申请，大概要很长时间之后才能轮到你"，我一般等不了那么久，只好去书店或者通过互联网购买。

每个休息日的上午，如果没有演讲的话，我基本都是在图书馆度过的。而工作日如果能有一小时左右的午休时间，我经常去公司附近的四番町图书馆。

我到图书馆之后，首先会去新书区看看。一般来说，图书馆的管理员都是非常喜欢书的人，所以对藏书的平衡性把握得很好。毕竟不能乱用纳税人的钱买一些文化垃圾，所以图书馆在这方面的审查还是比较严格的。

另外，考虑地区性也是图书馆的特征之一。比如日本东京都北区的中央图书馆，有一个"唐纳德·金藏书区"，里面都是名誉区民唐纳德·金（日本文学研究家）捐赠的书籍。阅览这里的书，也是一种乐趣。

7　书的推荐方法

是否喜欢读书，能不能看长篇，喜欢哪个领域

当我在演讲或者研讨会上提到"读书很重要"的时候，总会有人对我说"可以推荐一些有趣的书吗？"。

而我在推荐书之前，都会先问以下 3 个问题。

① 你喜欢读书吗？

② 能看长篇吗？

③ 喜欢哪个领域？

回答"我很喜欢读书，长篇也没问题"的人，和回答"我虽然不喜欢读书，但听了您的话想读一读"的人，应该推荐给他们的书肯定是不一样的。如果我给后者推荐厚书，那么恐怕他们连第一页都不会翻开吧。

因此，我必须在确认"是否喜欢读书""有没有看完长篇的忍耐力"等基础信息之后，才会根据这个人喜欢的领域推荐相应的书。

最近我给一个"很喜欢读书,厚书也没问题。马上要去巴林工作三年,对中东很感兴趣"的商界人士,推荐了前文中提到过的《征服与革命中的阿拉伯人:1516年至今》(尤金·罗根 著),还给一个"喜欢推理小说和历史书,长篇也可以"的人,推荐了《百枚定家》(梓泽要 著)。

而对于"不怎么喜欢读书,但对茶道很感兴趣"的家庭主妇,我推荐的是《中国 茶碗 日本》(彭丹 著),因为这本书的字体很大,读起来也十分简单。

当然,关于我自己也不太了解的领域,我是无法推荐相关书籍的。

比如,之前有一个对明治时代的北海道开拓史很感兴趣的人问我有没有好书推荐,但很不巧的是我对北海道开拓史也没什么研究,所以没办法推荐。

这种时候我会坦白地告诉对方:"很抱歉,对于这部分的内容我也不太明白,没信心推荐好的书籍。"

第三章

与书交流
——阅读时一行也不要错过

1 读书时的规矩

扎好领带，端正坐姿，带着认真的态度读书

根据《我的朋友马基雅维利——佛罗伦萨兴亡》（盐野七生 著）之中的描写，因为在政治斗争中失败而失去外交官职务的马基雅维利，特意穿了一套很正式的衣服，然后带着"很好！接下来就该工作了"的激情开始创作《君主论》。《君主论》是讲述领导能力的经典中的经典。

读书对我来说是非常宝贵的时间，因此我会像马基雅维利一样，带着非常认真的态度读书。读书是和作者一对一的交流，而且还是和非常优秀的人之间的交流。

因此，我想真诚而且有礼节地和作者进行正面的交流。极端点说，就是"扎好领带，端正坐姿，带着认真的态度读书"。

其实现在我已经冷静多了，学生时代的我，对书拥有极强的物神崇拜。比如"买书一定要买初版书""买来的书绝对不能弄脏""为了避免受潮,重要的书一定要放在书架的最中间";我在看书前会先洗手,还会仔细地包上书皮,然后端端正正地坐在椅子上开始读书。这个习惯直到现在也没怎么改变。躺靠在沙发上看书这样的事,我是绝对不会做的(在海滨度假的时候或许破过几回例)。

或许有人会同时阅读好几本书,但我是集中阅读一本书的类型。唯一例外的是,我会在卫生间里放一本书,"上厕所的时候看这本书",但基本上我是读完一本之后再开始读下一本的。

让读书像刷牙一样成为习惯

"每天早晨用 1 小时看 3 份报纸"和"每天睡觉前用 1 小时看书",是我雷打不动的习惯。这两个习惯大概已经坚持 40 多年了吧。或许会有人问"要怎样做才能保证阅读的时间呢?",但实际上这就是一个态度的问题。即便再忙,我们每天也会坚持刷牙洗澡。所以只要让读书和看报像洗澡、刷牙一样成为我们的日常习惯就可以了。

2　书即是人

读书是与作者之间的真诚沟通

书和"人"一样。

对我来说,读书就是和作者之间的交流,而且每次都是真诚的沟通。

和与人交流时一样,如果你没有真诚的态度,那么就不可能得到对方的回应。因此我每次都会带着"接下来我要与荷马对话""接下来我要和亚里士多德真诚交流"这样的态度来进行阅读。

将书看作是人,理解起来更加容易。平时大家都如何与人交流?没有人会将上司或顾客说的话当作耳边风吧。一定会集中精神、洗耳恭听,对吧?

我们与人交流的时候,必须仔细地聆听对方所说的话。我认为在读书的时候也一样。

不过,就像没有人会一直听(读)对方喋喋不休一样。

如果认为"这和我没关系""这个人不可能成为客户""感到无聊"的话，那么无论对方是人还是书，都应该中途停止交流（阅读）。

本来打算拒绝工作的委托，却还让对方没完没了地说明，这种做法是很过分的。从一开始就告诉对方"很抱歉，我们无法进行交易"才是正确的选择。或许有人认为，"虽然不打算接受这份委托，但对方大老远地赶来了，至少应该走个形式"，但我觉得这完全是一种不诚实的态度。

如果有合作的可能，那么应该仔细地听对方把话说完，但如果没机会合作，那就应该尽早拒绝。这才是诚实做法。

我之所以阅读最初的 5 页，若感觉很无聊便会放下这本书，就是因为我认为书和人一样。明明认为很无聊却坚持读下去，对作者也是一种不尊重。应该坦诚地告诉对方"很抱歉，这本书不适合我"，然后把书放下。无论对任何事，我都秉承 all or nothing 的态度。

不做笔记，完全沉浸在倾听之中

有些人会在听别人说话时做笔记。但我在原则上不会做笔记。我属于那种会一直盯着对方的表情，完全沉浸在倾听之中的类型。

认真地听对方讲话，只要能够理解对方的逻辑，那么就算不做笔记，也一样能够记住对方所说的大致内容。读书的时候也一样，原则上我不会做任何的读书笔记（在极少数的情况下，我会标记一些数字）。在书上画线、做记号和贴便签这样的事我都不会做。我发现，对于那些让人恍然大悟的内容，如果特意写出来的话，反而更容易遗忘。

我一直以来都是一个很懒惰的人，从学生时代就讨厌记笔记。在学数学的时候因为必须写出计算过程，所以那是我唯一迫不得已使用笔记的情况，除此之外我都会尽可能避免书写。

不过我们公司的岩濑（岩濑大辅社长兼COO）却很喜欢在书上画线和做笔记，由此可见记忆的方法也是因人而异的。至于谁的做法正确并没有固定答案，只能根据每个人的情况，选择一个最适合自己的方法。

3 阅读历史书的方法

记住故事就不容易遗忘

我在创作拙著《能够作为工作修养的"世界史"》的时候，事前没有查阅任何参考文献和资料，用的都是我脑中的知识（当然在创作完成后，为了检查年代和史实关系，我参考了岩波书店的世界史年表）。

我在过去的60年里，大概读过5000本以上的历史书。我不可能把所有的内容包括细节在内都记得清清楚楚。但即便我记不住准确的年代，历史事件的大致经过我却都能记住。

在阅读历史书的时候，我会一字一句地认真阅读，同时将书的内容与我了解的事实进行对照思考。这样一来，历史的大致经过就会在我的眼前浮现出来，"那件事和这件事竟然存在着这样的联系""那个地方发生的事竟然对这个地方造成了影响"，这样就可以从大局的角度来考察那个时代。比如以下这段内容。

"在帖木儿王朝的第三代君主沙哈鲁活着的时候,土库曼的黑羊王朝和白羊王朝,都老老实实地归顺于帖木儿王朝。

沙哈鲁死后,帖木儿王朝发生内乱,黑羊王朝和白羊王朝都趁机独立。

独立后的黑羊王朝和白羊王朝难以相容,白羊王朝最终消灭了黑羊王朝。

但白羊王朝也并非一帆风顺,后来一直遭到萨非王朝的伊斯玛仪一世的压制,最终灭亡。

与此同时,奥斯曼帝国攻陷君士坦丁堡,东罗马帝国灭亡。都想扩张自身势力范围的奥斯曼帝国和萨非王朝终于发生了正面冲突,最终以奥斯曼帝国的胜利告终。这就是查尔迪兰战役……"

像这样,将15世纪~16世纪中亚地区发生的事情作为"一系列的故事"记忆下来,那么在阅读新书的时候就会更容易理解。

通过这样的方法记住的内容很难被遗忘,因此就算不翻阅参考文献，也能够回忆起"这个地区曾经发生过什么"。

多阅读几本"同时代"的历史书

在阅读历史书的时候，如果能够多阅读几本"同时代"的书，那么那个时代的模样就会自然而然地浮现在你的眼前。因为一本书很难网罗那个时代的所有内容，所以只读一本书是远远不够的。

假设某个时代的真相是"三角形"（参考插图）。

如果只读 1 本书，那么我们可以获得"A"知识。而读第 2 本可以获得"B"知识，读第 3 本可以获得"C"知识，读第 4 本可以获得"D"知识。随着我们阅读的数量增加，那个时代的模样也会逐渐浮现出来。当我们发现这个时代是"三角形"的真相之后，之前读过的所有书都将融会贯通，加深我们的理解。

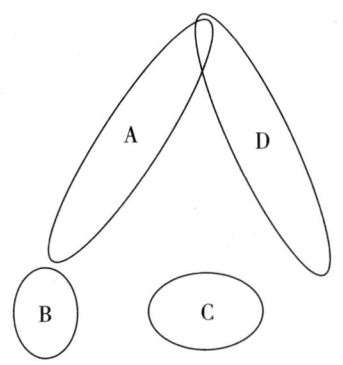

阅读多本同时代的历史书（A、B、C、D），获得知识

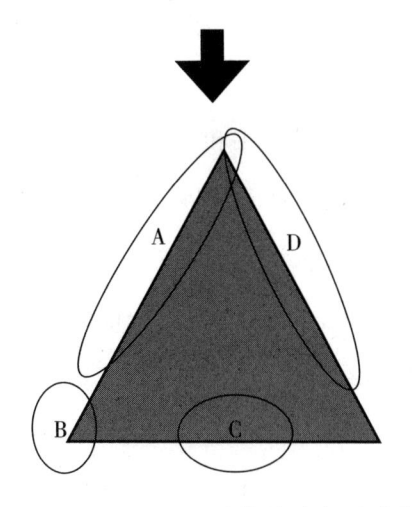

随着阅读量增加，这一时代的真相（比如三角形）就会浮现出来，而且之前读过的所有书都将融会贯通，加深我们的理解。

4　速读不如熟读

读书要认真地从头开始

我在某次以读书为主题的演讲会上，被问到这样一个问题："说起阅读方法，很多人都认为在读书时应该先从目录开始读起，请问出口先生，您是从目录开始阅读的吗？"

我几乎不看目录。

重复一遍，我认为读书和与人交流是一样的。与人交流时是没有目录的，而且也不能略过任何内容。

如果认为"这个人讲话好有趣"，那就仔细地倾听；如果认为"这个人讲话真无聊"，那就可以结束话题。

对于我来说读书也一样。作者肯定是希望读者"从第一页开始按顺序阅读"。那么作为读者，从第一页开始阅读也是正确的阅读方法。如果读了 5 页之后发现很无聊，那么放弃阅读这本书就好了。

只看目录和标题不等于读书

虽然读书的具体方法因人而异,但我认为"速读"有百害而无一利。

在与人交流的时候,不能速读。听别人讲话必须认真仔细地听才行。

我在听别人讲话的时候不会想速读,也不希望别人在我讲话的时候速读。如果在你讲话的时候,别人让你说快点,你会不会感到生气呢?

我从年轻的时候开始就"拒绝速读"。

但是出于"必须了解你的敌人,或许速读真的有一定的道理"的考虑,我读了10本左右与速读相关的书。

结果……我觉得我果然不适合速读。

几乎每一本书上都说"要想速读,就先看目录和标题,把握一下整本书的内容"。

但我认为:"读书是与作者之间的交流""读书是对作者思考过程的一种体验"。

只看目录和标题,根本就称不上是读书。

要想知道这本书究竟写的是什么内容，只要上网看商品介绍就可以了；如果只想获得信息的话，那么阅读维基百科的效率更高。

读得多却记不住就毫无意义

简单来说，速读就像是坐观光巴士旅游，在世界遗产前停车15分钟，拍完照片就马上赶往下一个地点。

看着照片或许能知道"去了什么地方"，但是很多人都不知道自己"究竟看到了什么"。如果能够在一个地方多逗留一段时间，仔细地参观一下，肯定能够留下更加深刻的印象吧。

无论读了多少书，如果记不住的话那就毫无意义。

就算读10本书，但每本书只能记住5%的内容，那么总共也只有50%。但是，如果能够仔细地读一本书并且记住50%的话，显然后者的含金量更高。

阅读的关键在于记住了多少。与"读了多少本书"相比，"掌握了多少知识和信息"更加重要。因此我认为：熟读要远远优于速读。

像吃书一样读书

读书的时候根本没有必要追求速度。我在读书的时候会一字一句地认真阅读,直到自己完全理解为止。就算不用速读,我一般也能够在 2~3 小时之内读完一本 200 页的单行本。

虽然不知道是真是假,但我曾经听说过去有一个人"每当记住一页上的英语单词,就将这页从词典上撕下来吃掉",我感觉自己也属于像"吃书"一样读书的类型。我会仔细地阅读每一页,并咀嚼、消化看过的内容。

当我在阅读过程中发现有不理解的地方,我会反复阅读这一部分直到理解为止。有时候甚至会回到几页之前重新阅读。我绝不会对不理解的地方置之不理继续读下去,也不会跳过任何部分。

古经典籍的作者在写每一个字的时候都会深思熟虑。因此,错过任何一个字都是一种损失。"看起来很平常的一句话里,或许隐藏着深刻的含义",如果这样想的话,速读或者跳过简直就是对书的不尊重。急急忙忙地跑到世界遗产前转了一圈,事后看导游手册才发现有一个非常著名的景点没看到——这岂不是太浪费了吗?读书与之同理。

"读到完全理解为止,看不懂就回到前面反复阅读,把一本书完全吃到肚子里",这就是我的读书方法。因为每本书我都仔细地读到完全消化为止,所以当读完一本书之后,我会感觉非常满足。除了特别喜欢的书之外,原则上我读过的书是不会再读第二遍的。

5 与商务书籍保持距离

成功经历有多大的意义？

我一般不读商务书籍（实务书例外）。我之所以不喜欢商务书籍，是由于以下两个原因：

① 商务书籍都是事后诸葛亮；

② 商务书籍太过于抽象化。

① 商务书籍都是事后诸葛亮

我非常尊敬的优秀前辈也写过不少商务书籍。

从我个人的角度来说，对他非常尊敬，并没有丝毫的厌恶之情。但是，当我读完他写的商务书籍之后，却产生"这种书究竟有什么作用呢"的疑问。

他的书绝大多数都是在他晚年退出商务活动第一线之后，根据他口述的内容整理成册的。时隔多年，任何人的记忆都可能出现模糊不清的情况，他也不例外。甚至昨天说的内容和今天说的内容都有可能出现矛盾。

但是,因为他取得过辉煌的成功是不可否认的事实,所以不管他说什么都是对的。不管他说什么,只要有成功的事实存在,那么一切都会被正当化。

极端点说,我一直认为所有的成功经验都是事后诸葛亮,阅读这些内容根本毫无意义。

成功人士在回顾自己的成功经历时说:"因为我这样做了,所以取得了成功。"但任何人也无法保证这种经验能够继续带来成功。

成功经验都是事后才想到的。

但是,历史书和优秀的小说,不只介绍成功的人,对那些失败的人也有非常个性鲜明的描写。

无论是好人还是坏人,对于书中的每一个人物都有非常具体的描写,所以我认为这些内容比事后诸葛亮要更有价值。

人类能够从失败中学到很多经验,但我却发现商业书里面介绍的都是很普遍的观点,却鲜有严重失败的例子。或许有人认为"最近的商务书籍中也有不少失败的例子",但实际上只要仔细分析就会发现这些都只不过是相对不太重要的小失败罢了。真正能够让人获得经验的失败例子是绝对不会被揭露出来的。而我想要了解的，是生命攸关的严重失败事例。

人类都有"羞耻心"，不愿意将自己的失败公之于众。尽可能地掩饰自己的失败，或者将自己的失败归咎于其他的原因，这都是人之常情。

比如唐朝的第九位皇帝唐玄宗肯定不会说："我因为沉迷女色才导致失败；与杨贵妃的相遇就是一个错误；正因为我整天沉迷于杨贵妃的美貌，所以才会导致安史之乱。"身为一个皇帝绝对不可能坦白地承认自己的错误。

而我之所以会知道唐玄宗和杨贵妃之间的关系，是因为阅读了那个时代的人流传下来的历史书。

② 商务书籍太过于抽象化

商务书籍中介绍的经验，绝大多数都是极度抽象的。

但是，人类的生存方式、思考方式，以及能力却是千差万别。由这样的人类所组成的商业活动的实际情况当然也是千差万别的，绝对不会有两个完全相同的情况。也就是说，在商业活动中正确答案不止一个，所有问题都是应用问题。

尽管在商务书籍中写了"在这种情况下，应该这样做"，但实际上我们在商业活动中遇到的绝大多数问题在书中都是找不到对应情况的。

比如商务书籍说"在工作中，与上司的报联商（报告、联络、商谈）非常重要"，于是就有上司强迫部下进行报联商。但我觉得这种上司肯定是不懂人性。

我刚入职的时候，认为上司都是"啰唆的老头子"。除了马屁精之外，我想不会有人愿意与啰唆的老头子报告、联络、商谈吧。

懂人性的上司，就会知道"报联商并不是用来强迫部下的，而是对管理者自身的要求"。上司应该时刻关注部下，营造一种让部下便于进行报告、联络、商谈的氛围。

阅读成功人士的书，采取和成功人士一样的行动，却不见得就一定能够在商业活动中取得成功。所有的商业活动，都是以人和由人类组成的社会为对象，因此关键在于理解"人类究竟是怎样的生物"。

与其阅读商务书籍，不如阅读小说和历史书，通过后者我们可以更容易地知道人类是怎样的生物，拥有怎样的智慧，社会是由怎样的要素组成的，人类在怎样的场面会采取怎样的行动，等等。

我绝对不会为了获得商业活动的灵感而阅读商务书籍。

商业活动是与人打交道，因此比起阅读商务书籍，了解人类社会的本质更加重要。要想在商业活动中取得成功，就应该尽一切努力去了解人类和由人类组成的社会。

当然对于市场和金融等方面的实务知识是必不可少的。作为入门书的德鲁克和科特勒的作品，是每位商界人士的必读之作。当然要读就读最新版《德鲁克论管理》（彼得·德鲁克 著），以及《科特勒、阿姆斯特朗与恩藏的市场营销原理》（菲利普·科特勒、加里·阿姆斯特朗、恩藏直人 著）。不过，在此之前最好还是多了解一下人性。因此，阅读历史书和优秀的小说是大有裨益的。

商务书籍也有优秀作品

当然，商务书籍中也有优秀的作品存在。我来举一个具有代表性的例子。

《用自己的大脑思考》，是知名博主"TIKIRINN"以少子化、相亲、找工作、自杀等社会问题为例，介绍自己独特的思考方法的一本书。

TIKIRINN 的特点在于观点鲜明，通俗易懂，并打破了传统的社会常识。

虽然很多书籍都拥有独特的切入点，但这些书绝大多数都是在喋喋不休地阐述作者的个人观点。

可是 TIKIRINN 的书却利用"数字、事实、逻辑"将自己的观点非常细致地展开在读者面前，让读者一目了然。

另外，还有一本书证明了商务书籍毫无意义，那就是《真正有用的经营战略和根本没用的经营战略》（山田修 著）。

在这本书中，作者详细地分析了核心技术、优良企业、创新企业、游戏理论、蓝海、竞争战略等大企业御用的经营战略是"如何的没用"。只要读过一遍，就能够了解到经营战略的实用性和局限性。

第四章

书的使用
——会被作者影响的人和不会被影响的人

1 数字·事实·逻辑

不偏执，客观地判断

在商业活动中要想使自己的判断不会出现错误，有3个非常重要的观点。

① 数字

② 事实

③ 逻辑

只要拥有这3点，那么就一定能够在商业活动中找出正确的答案。

如果优先遵从上司个人的想法和喜好，则会给商务活动的成功带来阻碍。我们可以很容易地将自己的想法传达给身边的人，但是要想让自己的想法在商业世界里大范围传播，就必须将其转变为商业世界的语言，也就是"数字""事实"，以及"逻辑"。只有任何人经过思考都能够得出相同的结论，任何人都可以简单地对其进行验证的东西，才是真理，才是相对正确的结果。因为人类的思考能力，就是经历了"观察→实践→模拟"三个阶段才逐渐养成的。

最开始，人类企图通过观察来发现真相。

观察有两个阶段，一种是通过眼睛来进行观察，另一种是通过工具来进行观察。最开始，人类用眼睛对自己的周围进行仔细的观察，然后开始深入思考。随后，人类借助望远镜和显微镜等工具的力量，进行更加深入的观察。伽利略之所以坚信地动说是正确的，就是因为他通过望远镜观测到木星的卫星、金星的运动以及太阳的黑子。

第二个阶段是"实践"。这是人类将药物和高科技组合在一起，通过大规模的研究来接近真相的时代。虽然最初的研究只是从长颈瓶和烧杯开始的，但规模已经变得越来越大了。

比如1954年在日内瓦成立的CERN（欧洲粒子物理研究所），使用巨大的粒子加速器，试图搞清楚构成物质的基本粒子（素粒子）。因为修建加速器需要花费极其庞大的费用，因此欧洲共有20多个国家参与了这一项目。

实践的时代，也可以说是"利用技术的综合实力来逼近真相的时代"。

现在则是"模拟"的时代。

通过在电脑中进行数字模拟,人类可以重现宇宙或者大脑的生成过程,更进一步找出真相。但要想实现模拟,就必须利用数学公式。在这个时代,数学的修养就显得尤为重要。

人类通过观察、实践、模拟三个阶段,极大地提高了验证的可能性。所有人都可以看到同样的东西,所有人都能够计算出同样的结果,这才是真理,这才是更加正确的法则。

在商业活动中,同样可以认为"能够进行验证的东西,离真理就越近"。数字也好事实也好,只要能够明确出处,就可以随时相互验证。

人类有一个特点,那就是会选择性地遗忘不好的事情,或者用其他的事情来替代。但是,数字、事实和逻辑是容不得半点虚假的,因此更值得信赖。

会被书的内容影响的人和不会被影响的人

有的人在读完一本书之后，会被这本书的内容影响。

根据某项调查显示，有 72% 的日本人认为"报纸和杂志上写的东西是正确的"，而英国和美国的这一数字分别是 12% 和 23%，中国这一数字为 58%。由此可见日本人对外界的信息几乎是不加思考地全盘接受。毫无疑问这很容易让人认为是"1940 年体制"（参照《1940 年体制》野口悠纪雄 著）的产物，只要是权威所写的内容，就算自己难以接受，也认为其是正确的。

读了反对 TTP（通信协议）的书就变成反对派，读了赞成 TTP 的书就变成赞成派，这样永远也无法拥有自己的思想。

书中提出的主张，一定是有根据的。而且这种根据一定能够还原成数字和事实。只要能够以根据（数字和事实）为基础，自己进行验证和判断，就不会对书中的内容不加思考地全盘接受。

比如，我之所以对日本的江户时代的评价很低，是因为有数字证明江户时代的日本属于"营养失衡的社会"。

特别是江户时代末期，尽管出现了严重的饥荒，但统治者们却坚持闭关锁国的政策拒绝进口食物，当时日本男性的平均身高只有 150cm，体重则不到 50kg。

虽然江户时代是没有战争的和平年代，但江户时代的人民却不能说是幸福的。本来政治的责任就是"让人民吃饱饭，能够安心地繁衍后代"。从这个角度考虑的话，身高和体重都严重下降的江户时代显然并不是一个富足和幸福的时代。至少我不想生活在江户时代。

像这样，养成用"数字、事实、逻辑"思考的习惯，无论面对任何问题都能够拥有自己的答案。也就不会在读书的时候被书中的观点所左右了。

当自己和作者的想法出现偏差时

在读书的时候，有必要 100% 理解作者的主张，但没必要 100% 同意作者的主张。因为每个人的阅读能力不同，理解的程度也不尽相同，但我认为只要根据自己的能力，将自己能理解的部分全部搞清楚就足够了。

在阅读古经典籍时，很显然作者的能力远在我们读者之上，因此不必追求 100% 理解对方所说的内容。

在听别人说话的时候也一样。比如在大学的课堂上，能够 100% 理解老师所说内容的学生一定很少。绝大多数的学生都只能理解课堂内容的皮毛而已。这就像听大师讲禅，能够理解多少，全看自己的修行。

不过，只要自己能够理解，就算只是皮毛也没关系。无论是读书还是与人交流，只要能够明白对方想要表达的意思，也就足够了。

对我来说，就算作者和我的想法出现偏差，我也不会去指责作者"你错了"。相反我会用"我可能是站在 A 的角度看问题，但这个人却是站在 B 的角度上，所以才会有这样的想法"的理由来说服自己理解对方。

价值观可以有很多种。比如，有人认为只有自民党才能救日本，也有人认为自民党并不能救日本。只要支持自民党的人和不支持自民党的人，都是经过自己的思考做出的判断，那就完全没有问题。

不过，仍然有一个例外。那就是将自己的价值观强加在对方头上，这一点我是坚决反对的。

哲学家石井三郎在其著作《什么是历史的进步》中说过这样一段话："就算所有人都错了，我也不愿意将所谓正确的价值观强行灌输给别人。我认为只有能够对得起自己的良心，去做自己想做的事的社会才能够称之为'进步'。"我也认为，人类最讨厌的事就是被"强制灌输价值观"。无论性别、国籍、思想、信条，能够自由地选择工作，自由地生活的人，才是最幸福的。

任何人都可以想说什么就说什么，想写什么就写什么。但如果有人想要将他的意志强加于我的头上，那我一定会使用"数字、事实、逻辑"来对其进行反驳。

2　不要在书中追求即效性

宣扬即效性的书都值得怀疑

我刚入职的时候，曾经在心里想"这个前辈整天都在说些什么让人摸不着头脑的东西啊"，但随着我积累了一定的社会经验之后发现"原来那时候前辈所说的话是这个意思啊，我终于明白了"。

书也一样，阅读并不一定是为了追求即效性。很多时候我们都要经过一段时间之后，才能够逐渐理解书中所讲的内容。

仔细地阅读有趣的书和喜欢的书，几年之后恍然大悟"原来是这么一回事"，这难道不也是一种收获吗？

有的书强调"立刻说出一口流利的英语"之类的即效性，难道没有人觉得奇怪吗？如果真的有那么轻松的办法，那么应该所有人都能够说一口流利的英语才对。但事实并非如此，这说明世界上"根本就没有那样的好事"。

对于"简单地积累人脉""轻松搞定工作中的人际关系"之类的书,我是持怀疑态度的。

总有人问我,"要怎样做才能拥有像您这样丰富的人脉呢?",但我觉得"积累人脉"这种想法本身就是错误的。

就算我确实拥有丰富的人脉,这也是因为我"从一开始就没想过要积累人脉"。

我与人交往的目的都是很单纯的。我从没有过"将来这个人会在这个公司里出人头地,所以我和他交往或许会有好处"之类的想法。如果你拼命地与这个人拉拢关系,一旦他跳槽了,岂不是前功尽弃吗?读书也一样,只因为"有趣"才读,这就是我的自我规则。

我想起美国第75位财政部长蒂莫西·盖特纳。要问我是如何与他相识的,我只能说是偶然。

大概在1990年的时候,盖特纳被美国财务部派到日本,在位于赤坂的美国大使馆中工作。当时,日本的人身保险非常兴盛,购买了大量的美国债券,盖特纳大概对人身保险的外债投资很感兴趣,于是他拜托一位在大藏省的朋友帮他介绍一位保险公司的经营者或者投资负责人,但是当时却没有人敢去见他。结果这份差事就落到了我的头上。

"接到邀请一定赴约"是我的原则。于是我就立刻去见了盖特纳。

尽管他确实是一位非常优秀的人,但当时的职务只不过是一名普通的干事而已。谁也想不到他后来会成为美国财政部长。因此,我并不是知道"这个人会出人头地"才与他交往,只是因为"这个人很有趣"而已。教盖特纳唱卡拉 OK 的人就是我。

来者不拒,去者不留,我就是以这样一种自然的态度与人交往。随着我与人交流的次数增多,人脉也就自然而然地积累起来了。

自从我 30 岁来到东京,只要是有人邀请我赴宴,我几乎从不拒绝。但没有一次我是带着"拓展人脉"的想法去的。

读书,只要读感觉有趣的书就好。这本书或许将来会有用,或许将来没有用。但无论怎样都无所谓。

只要是自己感兴趣的书,就应该读一读。或者别人推荐的书也可以大胆地尝试一下。

我总感觉,带着功利的态度去读书,效果不会太好。在这个世界上并没有能够立刻获得结果的方法。因此,我觉得应该阅读自己喜欢的书,接下来只要等待书毒在体内慢慢发作就可以了。

3　重复阅读

长大成人意味着抛弃了可能性

虽然我基本不会再次阅读同一本书，但如果在图书馆里发现了小时候读过的书，有时候还是会产生出"啊，好怀念啊，再读一遍看看吧"的想法。

最近我重读了一遍辻邦生的《夏之砦》。

这本小说描述的是一位在北欧研究挂毯，某一天突然杳无音信的日本女性艺术家的半生。这是一本深刻讲述生与死，以及爱的不安的非常优美的小说。我第一次阅读《夏之砦》是在十几岁的时候，我清楚地记得自己当时完全沉浸在这部作品的美感之中。

即便是同一本书，十几岁和六十几岁所中的毒是不同的。年轻的时候和上了年纪之后，读书之后的感想也会发生变化。

之所以会出现这种情况，原因之一就是随着年龄的增长，我们对人生的认识也产生了变化。

十几岁二十几岁时候的我，认为自己无所不能。但到了三四十岁的时候，我逐渐意识到自己有很多做不到的事情。

而且我还认识到，"长大成人是一个不断抛弃的过程。长大成人，就是在一个一个地抛弃自己眼前的可能性"。

人类能做的事，实际上非常有限。我们只能在自己所在的位置，努力地做自己力所能及的事。如果很难做到这一点的话，改变自己所处的位置即可。

但是在我们年轻的时候，却认识不到这一点。读到一篇优美的小说，心里总是会天真地想道："啊！我也想和这样的女性交往"，或者"啊！竟然还有这么美好的人生"。或许这是只属于青春时代的奢侈吧。

上了年纪对人生的认识也会发生变化

人类之所以在上了年纪之后对人生的认识发生变化，是因为看到的东西改变了。上了年纪之后读书的感想之所以会发生变化，并不是因为人成长了，而是因为看到了年轻的时候看不见的东西。

就算在上学的时候认为自己"能够进入任何公司工作"，可一旦进入某家公司之后，除非你辞职，否则就不能再进入其他的公司了。就算年轻的时候认为自己"能够和任何女性交往"，可一旦和某位女性结婚之后，那就不能再娶别人了。

抛弃了许多可能性的六十多岁和认为自己无所不能的一二十岁，所感受到的东西当然是不一样的。

我在演讲会的问答时间经常会接到这样的问题："不同年龄段，阅读的方法也不一样吗？比如二十多岁的时候，应该采取怎样的阅读方法比较好呢？"

阅读方法，无论20岁、30岁还是60岁，都是一样的。即便感觉到的内容不同，但书的阅读方法都是一样的。

只要努力地阅读自己认为有趣的书就足够了。

4　思考就是语言化

人类是语言化的动物

　　人类使用语言来进行思考。人类是被训练用语言来进行思考的动物。我们感觉到的东西，理解的东西，都是在语言化之后才能够进行整理的。因此，在将通过书和人获得的信息输入大脑的时候，语言化是必不可少的。

　　输入和输出就像是一枚硬币的正反两面。输入的东西只有通过输出才能够留存在记忆中。

　　输出，就是语言化。在读书的时候，通过将"我为什么认为这本书有趣"语言化，就可以将书的内容牢牢地记忆在脑海之中。

　　我经常用衣柜来做比喻，因为每个人都整理过衣柜。那么，我们为什么要整理衣柜呢？是因为如果不整理衣柜只是一味地往里面塞衣服的话，那么到需要用的时候就会很难取出来。

人类的大脑和衣柜很相似。如果不将输入的信息通过语言进行整理，那么也会很难将其取出。

将自己对书的感想告诉别人，通过推特和脸书来发表书评，或者在博客上进行推荐都可以。只要将输入的信息整理成语言，就和整理衣柜的效果是一样的。

据说前美国国务卿康多莉扎·赖斯在与前总统布什进行一对一讨论的时候，会在进入总统办公室之前将自己的想法重新在纸上写出来。无论头脑多么聪明的人，都需要使用语言来输出，对自己的思考进行整理（《非同寻常：赖斯成长回忆录》康多莉扎·赖斯 著）。

我经常会将自己所写的文章大声地朗读出来。通过大声朗读可以使我客观地检查文章内容，很快就能发现存在问题的地方，并且能更好地整理自己的思考。

我在接到写书邀请的 2 年前，就已经举办过以年轻人为对象的《贞观政要》的读书会。在这个读书会上，我会要求参加者大声地朗读原文。

为什么要大声朗读呢？因为通过发声的输出，可以更好地了解汉字的结构。

像"令大则薄,令小则厚"和"明主思短而益善,暗主护短而永愚"之类的内容,只要大声地朗读出来就会很容易理解。

江户时代的私塾,学生们都会大声地朗读汉文。由此可见我们的前辈早就知道"大声朗读更容易记住"这个道理。

有输出才能有输入

我曾经认为"输入比输出更重要"。就好像给浴缸放水,只要一直开着水龙头,就算放着不管,浴缸里的水满了自然就会溢出来。因此只要不断地增加输入的量,那么就算放着不管也会自然地输出。

但实际上却并非如此,根据我个人的经验来看,输入的内容会立刻输出。

学生时代,我很喜欢和朋友讨论书和电影以及戏剧的话题,大家聚在咖啡店谈天说地或者住在一起彻夜聊天,"我是这么想的,你怎么认为?"……

现在,我除了通过"诚博客""HONZ""钻石在线"等网站（读书专栏）和在博客上发表书评之外，还会通过与公司员工交流读书经验来对"衣柜"进行整理。也就是说，输入的内容只有通过输出，才能够留下更加深刻的记忆。

不久之前，我获得了一次与三井物产的枪田松莹会长对谈的机会。枪田会长说"想要了解什么事情的时候就马上去学。然后，趁着掌握了新知识的那种感动劲，找个人把自己学到的东西全都说出来"，我对此深有同感，认为这是最好的学习方法。如果说想要学习的时候是输入的最好时机，那么学到新知识获得感动的时候就是输出的最好时机。大家是否也这样认为呢？

在游泳的时候，如果不呼气（输出），就无法吸气（输入）。因此输出和输入完全就是硬币的正反两面，缺一不可。

用母语思考

为了将输入到头脑之中的信息语言化，母语是非常重要的。

最近，就连幼儿园也开始采用英语教育。从全球化的角度来看，掌握英语确实是有好处的。

但我认为，作为家长应该在小孩子思考事物的时候确定让其"用母语思考还是用英语思考"。这样可以帮助孩子成长为能够认真思考的人。

"今天用母语思考……明天用英语思考……"，即便是完全掌握两种语言的人，恐怕也很难做到这一点吧。在让小孩子学英语的时候，如果身为家长不帮孩子确定"用什么语言来进行思考"的话，那孩子未免太可怜了。

5　按照目的推荐的书

在这一节中，我将从我读过的书中，选择出给我留下深刻印象的书，按照"目的"分类，每一类为大家介绍 2～3 本书。

关于"新社会人"心态的书（面向 20 多岁的商界人士）

·《韩非子》（韩非　著）

20 多岁的商界人士要想掌握"作为社会人必不可少的心态"，我推荐你们阅读《韩非子》。

我认为在中国的历史中最有趣的时代之一，就是春秋战国时期。《韩非子》就是诞生于百家争鸣的时代的天才韩非所写的著作。

在《韩非子》中出现了许许多多各种各样的人物，因此能够让我们很好地"了解人类"。切实地感觉到无论在任何时代，这个世界上都有坏人、有好人、有冷漠的人，也有温柔的人。进入企业之中同样会遇到形形色色的人，读过《韩非子》，就能够对这些人产生免疫力。

韩非提倡性恶说（人性本恶，需要通过努力和修炼才能达到善的状态）。因此，他认为确立严格的法治主义是政治的基础。

《韩非子》共有四卷。如果一上来就要求自己"必须读完四卷"恐怕会比较有压力，最好是带着轻松的心情，先读一卷试试，如果感觉很无聊的话就不读了，这样反而更容易坚持下来。另外，要想"了解人类"，后文中提到的《史记列传》也同样值得推荐。

·《尼各马可伦理学》（亚里士多德 著）

这是古希腊哲学家亚里士多德的儿子尼各马可将自己父亲的著作编辑而成的一部书。在这本书中，对幸福是什么、善良是什么、生存是什么等问题进行了彻底的思考，堪称古经典籍的代表作。

一切事物都必须以数字、事实和逻辑来进行思考。通过认真地阅读这本书，可以切实地感受到西方典型的逻辑思考。

与阅读那些看过之后很快就会忘记的商务书籍相比，阅读亚里士多德的经典作品，显然对锻炼思考力更有帮助。同样，笛卡儿的《方法序说》也推荐给大家阅读。

・《用自己的大脑思考》(TIKIRINN 著)

前面提到的两本书，可以让我们了解人类的真相，锻炼我们的思考能力。接下来就是实际的应用。

对于刚刚走入社会的年轻人来说，最重要的就是"用自己的大脑思考"。正如山本义隆（科学史家、哲学家、教育家）所说的那样"无论是专业内还是专业外，总之都要用自己的大脑来思考事物，用自己的语言来表明自己的意见。我们一切的学习，都是为了这个目标"，我深有同感。

那么，要怎么做才能用自己的大脑思考，用自己的语言来表明自己的意见呢？

在 TIKIRINN 的《用自己的大脑思考》中，给出了一些提示，比如"首先确定流程""全面比较""判断基准越简单越好",等等。书中介绍了许多思考的技巧。TIKIRINN 的文章具有很强的理论性,读起来通俗易懂;切入点也非常新颖。

深入思考"人类与社会"的书(面向 30 多岁的商务人士)

·《社会心理学讲义——"闭锁的社会"与"开放的社会"》(小坂井敏晶 著)

《社会心理学讲义》是从社会心理学的角度解说人类的行动的书。

稳定的社会固然重要,但另一方面,如果没有变化,社会就不能发展和进步。也就是说,无论是人类还是社会,都存在着"追求一致性的同时,还在不断地变化"的矛盾。

我们应该如何理解这种矛盾?在保持一致性的同时不断变化的情况可能存在吗?这就是作者提出的问题。

所有的商业活动,都以人类和由人类组成的社会为对象。因此,对人类和社会的深刻洞察力是必不可少的。到了三十多岁的时候，应该对人类以及社会进行更深入的思考。

这本书将"人类究竟是什么样的动物，由人类组成的社会究竟是什么东西"这一问题深深地烙印在读者的内心之中，是一本非常优秀的作品。

这本书主要从逻辑的角度进行分析，而蒙田的《蒙田随笔》则是从完全不同的角度审视人类与社会的经典著作，同样推荐给大家。

· 《四名少年——天正少年使节与世界帝国》（若桑绿 著）

现在的国家已经完全被淹没在全球化的浪潮之中。事实上，像现在这样全球化的趋势过去也曾经出现过几次。

大流士的时代、忽必烈的时代，以及安土桃山的时代都是如此。通过这本书，我们可以知道在日本与全球化的趋势相抗衡的时代，日本人都做出了怎样的努力。能够更加清楚地认识到日本人的特性和历史的冷酷无情。希望每一位读者都能够读一读这本书，用自己的头脑思考全球化的问题。

·《用系统 × 设计的思考来改变世界——庆应 SDM "革新的方法"》(前野隆司　编著)

本书对创造革新的崭新方法论"系统设计·管理"进行了详细的解说。所谓系统设计，就是将事物看作系统的"系统思考"和重复观察、发现、尝试的"设计思考"相结合。庆应 SDM（系统设计·管理研究科）认为，通过这两个要素的结合，可以解决许多问题。

革新的 3 个条件包括：①没见过，也没听说过的东西；②可能实现的东西；③能够引起物议的东西。

特别是"能够引起物议的东西"这个条件，我认为非常有趣。因为这个条件并不依赖于"少数服从多数"，而是鼓励"能够引发正反两方面争论的创意"。

系统 × 设计的思考，能够提供解决复杂问题的灵感，但是要想利用这种思考方法，必须越过以下 4 个障碍。

① 一下就得出正确答案；

② 失败 = 恶；

③ 认真和客观是正确的;

④ 拘泥于范围和框架。

本来,解决问题和开创新事业是非常快乐的事情。我经常说,与"认真"相比,"快乐"和"激动"才是最重要的,我非常赞成 SDM 的主张。

本书将会为商界人士提供许多开创新事业的灵感。

关于"领导"的书(面向 40 多岁的商界人士)

· 《有部下的话一定要读的"委任方法"教科书——绝对不要成为"Playing Manager"》(出口治明 著)

关于领导论,请允许我介绍一本拙著。

我一直认为"所有人都相差无几,人类的能力并不高"。

我在上中学的时候曾加入过田径部。我的 100 米个人最好成绩是 12 秒整。因为真正的短跑运动员都能跑进 11 秒,所以我最多也就是个二流选手吧。顺带一提,世界纪录保持者尤塞恩·博尔特的时间是 9 秒 58。

对于顶尖的选手来说，1 秒的差距都是很大的。即便如此，9 秒和 12 秒之间也只不过相差 3 秒而已。因此无论是多么优秀的人，与他人的能力差最多也只有两三个人那么多。一个人能做的事都是非常有限的。因此，领导必须学会"委任"。

·《贞观政要》

《贞观政要》是唐代的第二位皇帝"唐太宗"的言行录。这本书一直被认为是"帝王学的教科书"，也是忽必烈很喜欢读的一本书。日本的北条政子和明治天皇据说都学习过《贞观政要》。

当被问到身为一名领导需要具备哪些心理要素时，我经常以《贞观政要》之中的"三镜"为例。

> 夫以铜为镜，可以正衣冠；
> 以古为镜，可以知兴替；
> 以人为镜，可以明得失。
> 朕常保此三镜，以防己过。

第一个是"真正的镜子"。真正的镜子可以看到自己的仪容和身姿，确认自己是否"精神，开朗，愉快"。太宗认为，应该用真正的镜子来检查自己的表情、服装，以及工作状态。如果领导的精气神不佳，总是唉声叹气，那么部下难免会怀疑领导的水平和能力。

第二个是"历史的镜子"。要想展望将来，必须以过去作为学习的教材。虽然我们看不见未来，但可以通过回顾历史来学习经验。学习历史，可以在将来发生类似事件的时候做出正确的应对。

第三个是"人类的镜子"。如果身边没有一个敢于指出你错误的人，那么身为领导一定会犯错。

综上所述，领导需要三面镜子。

《贞观政要》是以唐太宗为例，介绍了领导应该具备的修养、态度和思考方法的指南书。

·《罗马政治家传Ⅰ恺撒》（马提亚斯·盖尔策尔 著）

要想掌握领导技术，阅读优秀领导的传记是最好的办法。就好像将普通的葡萄酒和上等的葡萄酒放在一起品尝，才能够更好地发现其中的差异一样。

描写恺撒这个优秀的领导者的著作数不胜数，我之所以选择盖尔策尔的这本书，是因为他还同时撰写了恺撒的竞争对手庞培的传记（《罗马政治家传 II 庞培》，他还撰写了西塞罗的传记）。

同时阅读这两本书，可以全方位地了解恺撒身为一个领导的伟大之处。另外，恺撒自己也写过一本书名为《高卢战记》，正所谓文如其人，因此我们可以通过阅读这本书和恺撒本人进行面对面的交流。在学习领导能力的问题上，或许没有比恺撒更加优秀的教材了吧。日本作家盐野七生的《罗马人的故事》之中也收录了恺撒的传记。

关于"衰老与死亡"的书（面向 50 岁以上的商界人士）

·《生物文明论》（本川达雄 著）

日本正在迎来人类历史上前所未有的老龄化社会。每一位老年人，都必须用自己的大脑和自己的语言去思考，应该如何度过自己余下的人生。本川达雄认为，因为人类也是动物，所以从"生物学的角度思考"能够给我们提供非常宝贵的灵感。

用一句话概括，就是老年人是为了下一个世代的人而活的。

我认为这是老龄化社会的必读书。只要老年人都读一读这本书，社会一定会变得更加美好。

·《衰老》（西蒙娜·德·波伏娃 著）

波伏娃是萨特（法国哲学家）非正式的终身伴侣（没有领取结婚证），同时也是一位著名的哲学家。她在这本书中，从生物学、历史、哲学、社会等角度，全方面地思考了衰老的本质。读完这本书，就能够从外在的变化（医学的、生物学的变化），以及内在的变化（行动、心理、身体和欲望的变化）两方面理解衰老的全貌。

令人感兴趣的是，她并没有将"衰老"与"死亡"进行对比，而是与"生存"进行对比。作者认为，衰老是死亡的变奏，"你如何生存，决定了你如何衰老"。

老年人必须为了下一个世代的人而生存。衰老之后，更不能忘记自我。这本书可以让人深刻地认识到这一点。

·《一个人的老后》（上野千鹤子 著）

接下来是日本具有代表性的女性社会学家，上野千鹤子的《一个人的老后》。

每个人都是孤独地出生，孤独地死亡。就算有相亲相爱的人，如果一方先走一步，那么剩下的一个就会变成孤家寡人。这本书就是从"任何人都将孤独地死亡"这一理所当然的事实出发的优秀作品。同时阅读波伏娃的《衰老》和上野千鹤子的《一个人的老后》，可以对法国和日本、过去与现在、全体与部分进行对比，对"衰老"这一概念有一个更加深刻的了解。

关于"女性生存方式"的书

·《第二性》（西蒙娜·德·波伏娃 著）

西蒙娜·德·波伏娃的《第二性》，是对现代社会中女性的生存方式进行综合考察的经典著作，堪称促进女性自立的圣经。对女人最著名的一句评价——"女人并不是生就的，而是逐渐形成的"，就是出自这本书。波伏娃认为，在以男性为中心的社会中，女性从生来就接受自己比男性地位更低，必须侍奉男性的教育，结果就"逐渐形成了女性"。

女性和男性之间有什么不同？为什么要给性别分出优劣，认为女性不如男性呢？在历史上，男人们是如何通过习惯和法律来对女性进行管理的……波伏娃运用存在主义、生理学、弗洛伊德理论、马克思主义等一切知识，全方面地、综合地尝试对女性的生存方式进行论证。

因为这本书并不是用印象论进行叙述，所以即便现在读来仍然不失新鲜感。作为思考"女性究竟是什么"的依据，我认为这是不可或缺的一本书。

·《男性论 ECCE HOMO》（山崎麻里 著）

很多现代的女性作家都创作过关于女性的书，但有一本书非常具有代表性。

那就是《罗马浴场》（ENTERBRAIN）的作者——山崎麻里所写的《男性论》。哈德良、老普林尼、费德里克二世、拉斐尔、史蒂夫·乔布斯、安部公房、花森安治……作者以古今内外的男性为轴，讨论了理想的男性形象。

这本书的有趣之处在于，以男性论为体裁，为我们呈现出"人生到底应该如何度过"的建议。

作者认为"任何人都无法被动地发挥出最佳状态"，"如果在一个地方感觉不舒服，那就离开"。我也基本赞同她的这种想法。

最近，年轻人离职率过高被看作是社会问题，但我却认为这是一种好现象。因为如果年轻人不进入成长性的领域的话，社会就会陷入停滞。

"吃过的苦，如果最后不能升华为脸上的笑容，就毫无意义""沉浸在自我怜悯之中完全是浪费时间""一切行动都出自享受人生的'游戏心'"……令人耳目一新的连珠妙语，也是这本书的魅力之一。这是一本能够在读过之后，让人从心底里涌出干劲的书。如果像她这样充满活力和明朗精神的女性能够更多一些，日本的经济一定能够恢复健康。希望心中存在烦恼的女性读者一定不要错过这本书。

关于"恋爱"的书

之前介绍的几本书都是以商业活动为前提，接下来为了更深入地探讨人生，让我们来看几本与恋爱和育儿相关的书。

・《崔斯坦与伊索德》（贝狄耶 编）

这是一本描写骑士崔斯坦与君主马克王的王妃伊索德之间爱情悲剧的小说。

尽管这个爱情悲剧起源于凯尔特传说，但却在 12 世纪被法国人整理成完整的故事。瓦格纳的著名歌剧《崔斯坦与伊索德》是证明这一说法的有力证据。

崔斯坦奉马克王之名前去迎接即将成为王妃的伊索德。但是在从爱尔兰返回康沃尔的船上，两人误饮迷药，于是陷入无法自拔的热恋之中。一方面是要对马克王忠诚另一方面是马克王妃伊索德的爱情，崔斯坦感到左右为难。

在伊索德与马克王结婚之后,两人依旧维持着恋人关系,最终事情败露,两人也遭到了马克王的制裁……

崔斯坦和伊索德为什么难分难舍?大概是因为迷药所象征的制约、障碍,以及禁忌吧。所谓恋爱,就是能够抛弃一切世俗制约的熊熊燃烧的激情。

心理学认为,越是有障碍,越能够激起人们去实现的欲望(恋人之间越是有障碍,两人的感情就越好),这种心理学现象被称为"罗密欧与朱丽叶效应"。但据说威廉·莎士比亚的《罗密欧与朱丽叶》就是受《崔斯坦与伊索德》的影响而完成的。

· 《曾根崎鸳鸯殉情》《冥途的邮差》(近松门左卫门 著)

近松门左卫门的《曾根崎鸳鸯殉情》《冥途的邮差》,以及《情死天网岛》,都非常唯美而且充满戏剧性,是恋爱小说的最高杰作之一。

如果没有恋爱,就无法理解人类。爱情是越有制约越强烈的特殊感情。要想了解爱情究竟是什么,阅读描写了极致恋爱的近松的戏剧是最好的选择。

《冥途的邮差》讲述的是邮局的养子忠兵卫，为了给游女梅川赎身而偷了店里的钱，结果遭到逮捕的故事。

偷了店里的钱，结局会怎样不用想都知道。然而忠兵卫却在明知这一点的情况下，仍然为了梅川铤而走险。

近松门左卫门也好，《崔斯坦与伊索德》也好，都将恋爱定义为"超越制约的感情力量"。只要人类的大脑没有进化，那么这一定义即便放在现代也是具有普遍性的。

当你喜欢上一个人的时候，最好先读一读这两本书。不过，这两本书的副作用也比较大。因此我还是给大家推荐一个基本没有副作用的书吧，即艾瑞克·弗洛姆的《爱的艺术》。只要读完这本书，应该就可以掌握成年人的爱的技术。

关于"育儿"的书

·《你自己的社会——瑞典的中学教科书》（阿奈·林德奎斯特 简·韦斯特 著）

面向中学生的教科书，告诉孩子们"你即将进入的社会究竟是什么样的"。本书用平易近人的语言讲述了关于法律、行政、社会保障、欺凌、恋爱、性交、犯罪、毒品等社会存在的诸多问题。

因为本书对社会全体都有非常生动的描述，所以非常适合那些正在育儿的父母读一读，可以从中获得不少的经验。

你会发现"原来可以这样教给孩子关于这个世界的事情"。

在这本书中还收录了多萝西·劳·诺尔蒂（美国教育家）的诗《你给孩子什么》。

你给孩子什么

批评中长大的孩子，责难他人。

敌意中长大的孩子，喜欢吵架。

恐惧中长大的孩子，常常忧虑。

嘲笑中长大的孩子，个性羞怯。

猜忌中长大的孩子，容易妒忌。

羞耻中长大的孩子，自觉有罪。

鼓励中长大的孩子，深具自信。

宽容中长大的孩子，能够忍耐。

称赞中长大的孩子，懂得感恩。

认可中长大的孩子，喜欢自己。

分享中长大的孩子，慷慨大方。

诚信中长大的孩子，理解真理。

公正中长大的孩子，极富正义。

尊重中长大的孩子，懂得尊敬。

信赖中长大的孩子，不但信任他人也信任自己。

友善中长大的孩子，不但爱他人也爱自己。

另外，本书中对社会保障的描写，可以说非常涉及本质。我记得曾经把这本书推荐给在日本厚生劳动省工作的人，"这本书对社会保障有非常简单易懂的说明，读一读应该会有所帮助"。另外，像《北欧模式》（翁百合 等 著）这样对北欧完善的社会保障制度进行概括说明的书，也非常值得一读。

·《定本·育儿百科》（松田道雄 著）

·《法国妈妈育儿经》（帕梅拉·德鲁克曼 著）

关于育儿的书可以说多到数不清。经典著作之中我最推荐的是《定本·育儿百科》（松田道雄 著）。这本书有非常严谨的医学根据，让人完全无法相信是半个多世纪之前出版的书。经过改订后，现在仍然非常实用。

因为全世界的人都是同一种被称为智人的动物，所以育儿是没有国界的。《法国妈妈育儿经》讲述的是一个美国女性在巴黎养育孩子的故事，但由于其中的内容都有非常准确的证据，所以读来让人非常信服。对于刚刚为人父母的读者朋友，我非常推荐这两本书。

推荐给"孩子"的书（想读给孩子听的书）

·《好饿的毛毛虫》（艾瑞·卡尔 著）

·《小房子》（维吉尼亚·李·伯顿 著）

·《我爸爸的小飞龙》（鲁思·斯泰尔斯·甘尼特 著）

·《尼尔斯骑鹅旅行记》（塞尔玛·拉格洛夫 著）

- 《纳尼亚传奇》（C. S. 刘易斯 著）
- 《地海传奇》（厄休拉·勒古恩 著）
- 《毛毛》（米切尔·恩德 著）

我认为，家长应该教给孩子们的第一件事，就是"正如人类的长相各不相同一样，每个人的思考方法也各不相同"这个事实。

但是，要想拥有和他人不同的思考方法，必须在一定程度上增加输入的量才行。大人自不必说，小孩子也应该尽可能地多读书。通过读书，小孩子可以认识到"世界上有各种各样的人，也有各种各样的事"，从而逐渐适应人类社会。

这里介绍的儿童书，每一本都是我认为很有趣的书。尽管有趣的儿童书有很多，但在我执笔的时候首先想到的就是这7本书。如果等到明天的话，或许我首先想到的会是另外7本书。不过，既然这些是连大人读了都觉得有趣的书，那么孩子看来应该会感到更有趣。在孩子小的时候，家长完全可以按照自己的想法来给孩子推荐读物。

在家长给孩子读书的时候，一定要选自己认为真正有趣的书才好。

如果家长带着"这本书虽然是名作,但读起来似乎没什么意思"的想法读书给孩子听,孩子一定能够听出你声音里的厌倦之情。结果孩子就会产生"读书很无聊"的想法。如果想把孩子培养成一个爱读书的人,那么身为家长就一定要养成在读书时保持愉快心情的习惯。

经常和家长一起去滑雪,孩子也会喜欢上滑雪。如果整天沉浸在音乐之中,孩子就会喜欢上音乐。孩子会在小的时候耳濡目染的事物中,选出自己喜欢的。

小时候经常听家长读书的孩子,长大以后不一定会喜欢读书。但只要家长坚持给孩子读书,那么读书或许会成为孩子的一种选择。就算退一万步讲,至少孩子不会讨厌读书。

"想要让心情平静下来"的时候阅读的书

·《哈德良回忆录》(玛格丽特·尤瑟纳尔 著)

如果"只能带一本书去无人岛",那么我会毫不犹豫地选择《哈德良回忆录》。

我到目前为止大概读过1万本以上的书,但还没见过有任何一本书能够超越这本书。毫无疑问,这是最优秀的作品。

第14代罗马皇帝哈德良,是罗马的五贤帝之一。这是一本书信体的书,收录的是哈德良老年时期写给义孙马可·奥勒留·安东尼的书信。

这本书全篇都对"人类究竟是什么"进行了深入的探讨,我非常喜欢的一句话是"我觉得我比绝大多数人都更加优秀的只有一点,那就是(我比他们)自由的同时又很顺从"。这教育我们,正直、谦恭、诚实是人类最大的美德。

一般来说,我读过的书不会再读第二遍。只有这本书是例外。我曾经不知道多少次将这本书从头读到尾。

在这本书里面,没有被称为高潮的部分,翻开任何一页,都能够看到充满思想性的文章。即便只是随手翻开一页读一读,都可以让自己的心情平静下来。

因为这本书非常耐人寻味,如果只看表面意思,恐怕很难理解它。因此这不是一本能够让人立刻懂得一些道理的书。但是，如果你能够特意找个时间，安安静静地坐下来，用认真的态度去阅读这本书，那么一定能够很好地品味到经典作品带来的挑战和享受。在了解人类方面，再也没有比这本书更好的选择了。

·《坏婆婆》（长谷川町子 著）

我也经常看漫画。在我过去看过的漫画之中手冢治虫的《多罗罗》、横山光辉的《伊贺的影丸》、石之森章太郎的《人造人009》、千叶哲也的《铁拳浪子》（高森朝雄 原作）等都给我留下了深刻的印象。最近，浦源太郎的《风云儿们》也深深地吸引了我。漫画之中，也有对人类有着优秀描写的名作，其中《坏婆婆》堪称最真实地反映出人类面貌的杰作。从普遍地揭示了人类的内在这一点上来说，即便与《哈德良回忆录》相比也不遑多让。

1992年我被派往伦敦工作的时候，明明心里想着"好不容易出国，就不要带日语书了吧"，结果还是在行李中带了《坏婆婆》和《蝾螺太太》。每当我因为在国外生活的不习惯而身心俱疲的时候,都会用伊知割石(主人公)来治愈自己。

在《坏婆婆》之中,对人情的冷漠、生活的苦涩,以及人类的坚强和散漫都有非常真实的描写。作者用时而辛酸、时而冷酷、时而温柔、时而幽默的笔触,揭示那些潜藏在日常生活中的人类的本性。

每当看到伊知割石,我都会在欺凌的背后,看到"渴望被关注"这一人类的弱点。没有人会打从心底想要去欺凌别人。正因为坚信这一点,我才能够通过《坏婆婆》得到治愈。

· 《先知》(卡里·纪伯伦 著)

这本书的作者是黎巴嫩诗人、哲学家、画家纪伯伦,他用非常优美的语言,为我们揭示了爱、劳动、友情,以及喜悦与忧伤等人类最普遍的主题。

"爱除自身外无施与,除自身外无接受",如此优美的语言,让人读来充满清冽的感动。《道标》(达格·哈马舍尔德 著)也是和《先知》很相似的一本具有治愈性的书。

最近我从朋友手中又拿到了这本书,于是重新读了一遍,从前在学生时代读过之后涌现出的那种感情又苏醒过来。于是我将这本书放在公司的办公桌上,时不时地拿起来翻看几页。《须贺敦子全集》也是一样,这些作品都没有任何的纰漏,每篇文章十分清冽,每次翻阅都会使人心情平静下来。

关于"人类最原始的感情"的书

·《吉尔伽美什》

最后让我为大家介绍一本人类历史上最古老的书。

《吉尔伽美什》是古代美索不达米亚地区的文学作品。因为用楔形文字记录在残破的泥板上,所以被认为是世界上最古老的故事。

现在我们看到的这些内容据说是在公元前7世纪整理出来的,而最原始的内容则从公元前2000年开始就一直被断断续续地记录下来。

让我来简单地介绍一下故事的梗概。

苏美尔的城邦国家乌鲁克的国王吉尔伽美什拥有神的血统（三分之二是神，三分之一是人）。他虽然优秀却十分残暴，于是神用黏土制作了一个名叫恩奇都的英雄做他的对手。

因为吉尔伽美什惧怕恩奇都的力量，于是派了一名女性去诱惑他。美人计非常成功，与这位女性缠绵了一周之后恩奇都的力量果然变弱了，导致他无法战胜吉尔伽美什。两人之间的较量难分胜负，最终不打不相识地成了好朋友，随后他们两人一起展开了许多冒险。

正因为恩奇都的出现，让吉尔伽美什认识到"原来还有和我一样厉害的家伙"，于是他收敛了曾经的傲慢变成了一个英明的国王。美神伊丝塔被吉尔伽美什的英姿深深地吸引并且爱上了他。

伊丝塔向吉尔伽美什求婚，希望他能够做自己的丈夫。

但吉尔伽美什却说，"不行。我是这个国家的国王，我每天都很繁忙。我有我的人民，我还有恩奇都这个好朋友。如果我和你结为夫妇，就要一起升天，但我根本没有休闲游玩的时间"。

感觉自己受到侮辱的伊丝塔怒从心头起，于是害死了吉尔伽美什的朋友恩奇都。

变成孤身一人的吉尔伽美什意识到"人类逃不过死亡的命运，但我不想死"，于是开始了寻找不死药的冒险。历尽千辛万苦之后，他终于见到了大洪水的幸存者乌特纳比西丁，并且得到了永生之草；但结果在他回去的路上，永生之草却被一条蛇（伊丝塔）偷吃了。

男性被女性操控；友情至高无上；自然与人类有时候是对立的；教育可以使人成长。这些即便放在现代仍然贴合人类的本质，早在4000年前就已经被记录了下来，真是令人十分惊讶。由此可见，人类的感情、喜怒哀乐、行动在任何时代都是不变的。

第五章

热爱读书
——自身的养分,交流的桥梁

1 与书的邂逅

为什么太阳不会掉下来

我记得在我念小学低年级的时候，曾经问过我的父母这样一个问题：

"为什么我不是书店老板的孩子呢？"

如果我是书店老板的孩子，那么就可以随时随地、随心所欲地阅读自己喜欢的书，而且还不用花钱。这对我来说就好像是"巧克力王国"一样。我的父母只能无奈地说："你可真是一个奇怪的孩子，总是问这些奇怪的问题。"

在我的记忆中，自己应该是从上幼儿园起就开始喜欢读书的。

我从小在人烟稀少的农村长大，因为离家不远处就有一座山，所以我经常去山上抓蝉和独角仙，摘松菇和柿子，钓鱼，或者眺望星空。由于当时没有电视机，下雨的时候，只能通过看书来打发时间。

我上小学的时候，有一次无聊地望天的时候忽然想到"太阳看起来比星星更大更亮，而且好像很重的样子。可是，为什么不会掉下来呢？"，于是我跑去问父母，却没有得到让我满意的答案。

为了让对这个问题刨根问底的我闭嘴，父母给我买了一本书，书的名字叫作《十万个为什么》（菅井准一 等编）。

这本书对太阳不会掉下来的原因是这样解释的："请用一根绳子把石头捆起来，然后甩动这根绳子。你会发现即便是很沉重的石头也不会掉下来。"看完之后我顿时恍然大悟。从那个时候起我就发现，只要读书的话，什么事情都可以知道，书真是太有趣了！

当我喜欢上读书之后，每当有长辈问我"想要什么礼物"的时候，我的回答都是"什么种类都无所谓，我想要书"。恐怕我的阅读中毒症就是从那个时候开始的吧。

2　小学生时代

读完图书馆里的文学全集

因为我住在乡下,所以无论是书店还是图书馆都很小。图书馆里的书大多都是文学全集和自然科学系列,我的读书生涯可以说是从文学与自然科学开始的。对了,还有传记。我记得最开始还经常读格林童话和安徒生童话。

《少年少女世界文学全集》(讲谈社)共有50卷,每个月书店都会发给我一到两本。当我收到这些书的时候真是非常高兴,总是会翻来覆去地读好几遍。监修和编辑委员包括志贺直哉、辰野隆、井伏鳟二、山室静等人,虽说是一本面向儿童读者的全集,但其内容的丰富程度即便现在看来也让人感到非常惊讶。这套书现在应该还在我老家里收藏着。

我还曾经很喜欢科幻小说。我也看完了一共有35卷的《少年少女世界科学冒险全集》。

尽管《金星之谜》和《宇宙战争》都是科幻小说中的名作，但给我留下最深刻印象的却是《魔之卫星卡利斯托》（第20卷 摩尔 著）。

这本书讲述的是少年奈杰尔与世界联邦游星省的探险队一起前往木星的第四卫星卡利斯托探险的故事。小松崎茂描绘的封面插图与故事内容相得益彰，非常能够激发想象力。我也非常喜欢江户川乱步的《少年侦探》系列（全26卷），全部都读过。小学时候我还和朋友们一起玩过少年侦探团的游戏。理所当然地，我随后还看过明智侦探、夏洛克·福尔摩斯、亚森·罗宾和赫尔克里·波洛之类的推理小说。

3　中学生时代

对战记产生兴趣

读了《希腊罗马名人传》(普鲁塔克 著)之后,我开始对历史和历史上的人物产生了兴趣。

因为普鲁塔克在这本书中将忒修斯与罗慕路斯、吕库古与努马、亚历山大与恺撒等希腊与罗马具有代表性的伟人一一进行对比,因此这本书又被称为《比较列传》。

通过《希腊罗马名人传》了解到伟人事迹的我,认识到"竟然有这么努力的人存在,如果努力的结果就是变得伟大,那我也应该更努力地多读一些书"。

我从小学高年级一直到中学反复阅读过很多遍这本书。因为我在小学和中学时期一直担任学生会长,所以深知"管理别人是非常困难的一件事,和《英雄传》里面所说的一样"。

我还很喜欢描写源平战争的《平家物语》(吉川英治的

《新·平家物语》也不错），我还用平家的家系图和朋友们一起猜谜玩。

因为读了《平家物语》感觉很有趣，于是我又读了《源氏物语》，不过这本书我读到一半就放弃了（上高中之后重新完整地读了一遍）。至于原因嘛，因为这本书讲的并不是战争故事。

我当时以为《源氏物语》一定是描写作为武家的源氏的兴衰故事，结果看了半天却一直没有关于战争的描写，我还以为自己看错了书。

通过《少年少女世界纪实全集》，我认识了图坦卡蒙、谢里曼、达尔文，以及利文斯通等冒险家，整个中学时代我都沉迷在他们的冒险故事中。

拿破仑、华盛顿、野口英世等伟人的传记，我是通过《少年少女世界传记全集》（全15卷）了解的。我也非常喜欢《世界之旅》（全10卷），或许我喜欢旅行最早就是受这本书的影响吧。

我的中学和高中时代大概可以称得上是"全集时代"。

4　高中生时代

大量阅读长篇小说和大河小说

要说我高中时代最喜欢的书，应该是《蒂博一家》（罗歇·马丁·杜·加尔 著）。

这是一部将青春的美好与战争的丑陋进行了对照描写的长篇小说。1937年，杜加尔凭借这部小说获得了诺贝尔文学奖。

这本书以第一次世界大战前夕的法国为舞台，描写了成长在小康之家的兄弟二人的命运，哥哥昂图瓦纳和弟弟雅克命中注定的悲剧读来让人唏嘘不已。

当时的我，无论是和朋友在一起还是和恋人在一起，总是一个劲地谈论《蒂博一家》。在那个多愁善感的年纪，我曾经许多次重读过这部作品。

除此之外，高中时候我还读了许多长篇小说，比如描写宫廷音乐家克利斯朵夫与苦难斗争的《约翰·克利斯朵夫》(罗曼·罗兰 著),同样出自罗曼·罗兰之手的《母与子》(罗曼·罗兰 著),还有《卡拉马佐夫兄弟》(陀思妥耶夫斯基 著)、《战争与和平》(托尔斯泰 著),以及《静静的顿河》(肖洛霍夫 著)。

高中时候,我还通过《日本现代文学全集》读了夏目漱石和森鸥外等明治以后的小说。我记得这个全集好像有100卷之多。

关于历史,我记得日本中央公论社出版的《世界历史》和《日本历史》这两个系列,我都读过好几遍。或许这就是我成为历史爱好者的起因吧。

5　大学生时代

不认识马克思是可耻的

进入大学之后最让我感到惊讶的,就是我的同学们几乎都看过马克思和列宁的著作。

我觉得自己也是一个读书爱好者,阅读量也不小。可是在三重县的乡下图书馆里,似乎没有马克思和列宁的相关书籍。我读过的都是最常见的文学和文艺作品,以及传记和历史书。

我进入京都大学就读是在1967年。

那时候大学纷争盛行,大城市的高中生们就已经接受过学生运动的洗礼。所以当朋友们得知我不但没读过马克思,连列宁和托洛茨基都没读过的时候,纷纷表示"你竟然还没读过""难以置信""和没读过这些书的家伙说话都是在浪费时间"。

我对此感到非常的懊恼,于是好像中毒了一样拼命地阅读马克思、列宁和托洛茨基的作品。当我读完《1844年经济学哲学手稿》《德意志意识形态》《资本论》等四五本书之后再和朋友们讨论，发现终于能聊到一起去了。我甚至开心地想：这样就几乎已经追上他们了，只要再多读两倍的量或许能够超过他们呢。顺便说一句，《路易·波拿巴的雾月十八日》（马克思 著）作为审视历史的另一个视角，也是非常有趣的。列宁的《帝国主义论》和伊萨克·多伊彻描写托洛茨基的《先知三部曲》都给我留下了深刻的印象。

随着不断深入阅读马克思的著作，我又接触到了黑格尔、康德，以及亚里士多德和柏拉图。幸运的是，当时中央公论社正好出版了《世界名著》（包括《世界名著 续》在内共有81卷）系列。从婆罗门教法、大乘佛法、孔子、孟子、希罗多德、柏拉图、亚里士多德，到尼采、凯恩斯、海德格尔、荣格、甘地，经典名著应有尽有。

通过阅读这个系列（我记得全都读完了）和岩波文库，我对哲学和社会学领域的了解可以说几乎覆盖了方方面面。

其中我印象比较深刻的有，康德的著作很晦涩难懂

（《纯粹理性批判》），卢梭的《社会契约论》深得我心，柏拉图的《理想国》《斐德罗》和《会饮篇》等二元论深深地吸引了我。

经济学方面，因为我隐约地意识到"只懂得马克思是不够的，仅凭马克思主义经济学的方法很容易碰壁"，于是我又阅读了保罗·安东尼·萨缪尔森与威廉·诺德豪斯共著的《经济学》。

除此之外，在《世界名著》系列中还有几本给我留下深刻印象的书，首先是布克哈特（雅各布·布克哈特）的《意大利文艺复兴时期的文化》。布克哈特将文艺复兴定义为经典文化复兴的时期，可以说正是这本书的出版，文艺复兴的概念才被确定下来。我也是因为读了这本书，才开始对"腓特烈二世"产生了兴趣。我完全被这位文艺复兴的先行者所征服，甚至产生出"如果有来生我想做他的辅佐""渴望给他写传记"的想法。

赫伊津哈的《中世纪的秋天》、达尔文的《物种起源》、弗洛伊德的《精神分析引论》（第49卷）等，都是我通过这个系列接触到的。我也读了不少如丸山真男（《日本的思想》等）和艾瑞克·弗洛姆（《逃避自由》等）的书。另外，自从我进入大学就对托马斯·曼的《布登勃洛克一家》醉心不已。

在我大学入学不久，岩波讲座《世界历史》（第一期）系列（全31卷）就开始发行了。对于高中时代读完中央公论社的《世界历史》系列而认识到世界史乐趣的我来说，这个岩波的系列实在是及时雨。通过阅读岩波讲座系列，我就像海绵吸水一样在脑海里形成了一个世界史的大致流程和立体印象。可以说，我对历史认识的基础，就是通过阅读这两个系列形成的。

还有一本说是历史书但我觉得更像哲学书的书，那就是汉娜·阿伦特的《艾希曼在耶路撒冷》。这本书给我带来了极大的冲击。"平庸的恶"这一崭新的观点，直到现在仍然深深地刻印在我的脑海之中。

高桥和巳与高坂正尧

当时的京都大学里有许多个性鲜明的老师，我受两位老师的影响很深。那就是高桥和巳与高坂正尧这两位老师。

高桥和巳（小说家、中国文学家）老师，对于我们这些成长在全共斗①时代的人来说就像是偶像一般的存在。

他描写一个名叫"日本救灵会"的新兴宗教团体始末的小说《邪宗门》非常有趣，而高桥和巳本人对于学生们来说就相当于教祖一样。《悲器》和《堕落》等高桥的作品我都读过。

除此之外他还写了一本名为《李商隐》，是关于晚唐诗人的书。我在上课的时候听他讲过李商隐流着泪说"选择一条道路之后就绝对不能选择另一条"的故事，直到现在还记忆犹新。在选择了什么的同时就必须舍弃什么，李商隐一定很清楚这一点吧。

高坂正尧是让我懂得古经典籍重要性的老师。我之所以会阅读现代地政学的鼻祖哈尔福德·约翰·麦金德，以及海洋战略研究家阿尔弗雷德·赛耶·马汉的论文，就是因为他的推荐。

---

① 全学共斗会议，是日本各大学在1968年、1969年，学生运动团体实行包括路障封锁、罢课在内的实力斗争之际，由崩得系、三派全学连等组成，跨学院党派组织的大学内部联合体。——编者注

麦金德与马汉的作品，可以说是全球化时代的基础读物。麦金德的《民主的理想和现实》和马汉的《海权对历史的影响》是在我大学毕业许多年之后才出版的，我还记得当时我很惊讶地心想：啊！高坂老师教过的内容竟然翻译出版了，于是马上就买回来读了一遍。

通过《民主的理想和现实》，可以了解到只要掌握了"腹地"（欧亚大陆的核心部分）就能够掌握霸权，通过《海权对历史的影响》，可以了解到掌握海上道路的重要性。读了这两本书，就可以清楚地认识到在世界的政治力学上，有陆军思想和海军思想这两种截然不同的观点。

我还通过高坂老师了解到了埃德蒙·伯克和托克维尔等"保守主义"的基本思想。我之所以会开始阅读伯克和托克维尔的作品，毫无疑问是受了高坂老师的影响。《海洋国家日本的构想》和《国际政治》等我当年熟读的高坂老师的著作，即使现在也仍然记忆犹新。

宗教、中国古经典籍、生物学、心理学、城市论，涉猎广泛的阅读

大学时代我读过许多领域的书。

现在或许很难以想象，但由于当时处于全共斗时代，所以大学一直都遭到封锁。因此，没有课程的日子，我就会在宿舍里看书。甚至有一段时期每天能看书 15 小时。

《圣经》和《古兰经》，岩波文库出版的佛教经典（《佛陀说法》等），还有中国古经典籍文学大系都刚好在那个时期出版，因此我把《红楼梦》《水浒传》《三国演义》全都读了一遍。

《史记列传》是网罗了古代中国著名人物的名人传记，充满了发人深省的内容，绝对是对人生非常有帮助的一本书。

我还有一段时间沉迷于马塞尔·普鲁斯特和詹姆斯·乔伊斯。《追忆似水年华》和《尤利西斯》深深地烙印在我的心底。另外我还阅读了劳伦兹的《攻击的秘密》（康拉德·劳伦兹 著），由此了解到生物学的有趣之处。

学生时代，我还对城市论产生了兴趣。刘易斯·芒福德的《城市发展史》和简·雅各布斯的《美国大城市的死与生》都让我欲罢不能。

《美国大城市的死与生》对我来说就是城市论的圣经。1964 年的东京奥运会，1970 年的大阪世博会，二十世纪六七十年代的城市计划让日本的面貌发生了巨大的转变。日本也像西欧那样，将居住地区和商业地区划分开来，或许创建一个井然有序的大城市就是当时人们的理想吧。

而简·雅各布斯的思想却和井然有序的想法完全相反。她认为"道路笔直地向前延伸，宽广的街道两旁种满树木，被划分的井然有序散发出诱人光芒的大城市，根本不是人类居住的地方。道路弯弯曲曲，不同职业的人全都乱七八糟地住在一起才是人类居住的地方"。这种观点实在是非常刺激和有趣，直到现在仍然让我记忆犹新。

6　社会人时代

历史是综合科学，与普遍观点不同

当我大学毕业的时候，我已经成了一个历史迷、宗教迷、美术史迷的综合体。

走进社会之后我又读了不少与历史相关的书籍，但与解开克里特岛米诺斯文明之谜的《居住于迷宫中的死者——克里特的秘密与西欧的觉醒》（汉斯·格奥尔格·伍德里希 著）的邂逅却对我造成了不小的冲击。可以说这是动摇了我历史观的一本书。

在最能够代表克里特文明的克诺索斯宫殿中，有很多壁画。每一幅壁画都栩栩如生，色彩鲜艳。其中"巴黎姑娘"被称为克里特美术的代表作，每当我在画集中看到这幅壁画都会在心里面想：竟然有这么漂亮的女孩子，米诺斯人似乎很幸福啊。

对克里特遗迹进行发掘工作的考古学家埃文斯认为克

诺索斯宫殿是一个开放的宫殿。我也这么认为。但这本书的作者，地质学家伍德里希却认为"克诺索斯宫殿其实是用来埋葬死者的神殿"，而且他有充足的证据来证明自己的观点："在宫殿中有使用石膏修建的部分，但却没有磨损的痕迹，也没有排水沟，找不到任何人类生存的痕迹。说明这里其实是给死者准备的神殿。"

于是我被伍德里希说服了，在因"历史有可能与普遍的观点完全不同"而感到惊讶的同时，我也认识到"历史需要能够经得住后世的考证"。我经常说"如果只用语言而不用数字进行思考，就无法做出正确的判断"，而我之所以会有这种想法，就是受这本书的影响。

《哈默林的花衣吹笛人——传说及其世界》（阿部谨也 著）也是能够让人对史诗产生思考的一本书。

《哈默林的花衣吹笛人》作为格林童话中的一个故事而广为人知（帮助哈默林清除鼠患的男子因为没有获得应有的报酬而带着所有孩子消失在夜色之中）。

而这个童话是根据"1284 年 6 月 26 日，德国哈默林的 130 名儿童突然全部失踪"的史实改编的。

关于失踪的原因，有人说是因为"德国人向东方殖民"，还有人说是因为"儿童十字军"，作者以这个史实为出发点，为我们展现出中世纪的社会差异。

通过阅读这本书，可以让人清楚地认识到"原来历史上的事情都有非常深厚的背景。不能不假思索地接受普遍观点，而应该利用数字、事实和逻辑来进行科学的验证"。

《黑色雅典娜》(马丁·贝尔纳 著)，是一本在欧美引发大规模争论的问题之作。

希腊文明被认为是西方文明的起源，也可以称之为白人文化的象征；但马丁·贝尔纳却提出了一个彻底颠覆前人认知的观点："希腊文明只是在模仿埃及，因此属于非洲人的文明。女神雅典娜并不是金发碧眼的白种女神，而是黑色的。"

作者在这本书中利用考古学、语言学、诸多文献，以及神话传说等进行了非常严密的考证，引人思考古希腊的文明究竟在多大程度上受到非洲和亚洲的影响。

在改变对历史的看法方面，《忽必烈的挑战》的作者——京都大学教授杉山正明的著作都非常耐人寻味。杉山先生经过考证指出，一直以来都给人留下野蛮印象的蒙古，实际上是一个非常文明而且开化的帝国。

我认为蒙古帝国的第五代皇帝"忽必烈"是人类最伟大的经营家。因为忽必烈是"不问人种、国籍、性别、年龄、思想、宗教、信念，任人唯贤的始祖"。不论人种和宗教，只要是优秀的人才就加以录用，这真是令人叹服。

从忽必烈的身上我们可以学到用自己的大脑思考究竟有多么重要。成为社会人一段时间之后，《罗马帝国衰亡史》（爱德华·吉本 著）开始出版。这本书从开始出版到结束整整花了15年以上的时间，我记得在读完一本之后等待下一本的过程总是十分漫长。在美术史领域，我在读过罗伯特·龙基的《意大利绘画史》之后，不由得产生出一种恍然大悟的感觉。

了解现代世界结构的名著

让我开始思考世界结构的契机，是伊曼纽尔·沃勒斯坦关于历史的名著《现代世界体系》。

这本书对以16世纪的欧洲为中心的世界结构（世界

体系）进行了实证的分析。正是通过这本书，我才理解了"世界正在形成一个体系"和"全球化经济是通过中心与边境的概念联系在一起的"等内容。当然，以欧洲为中心的思想也遭到了一些反驳，比如阿布－卢格霍德就写了《欧洲霸权之前》进行抗议。但无论是阿布－卢格霍德，还是畅销书《枪炮、病菌与钢铁》的作者贾德·梅森·戴蒙，都没有跳脱出沃勒斯坦设计好的舞台。

美国政治学家本尼迪克·安德森的《想象的共同体》，是分析民族主义特征的名著，是了解国民国家究竟是什么的时候不可或缺的一本书。安德森认为，"人类的意识只是其身处的社会的反映，人类本身是没有任何区别的"，我也赞成这个观点。要想学习现代历史，沃勒斯坦和安德森的思想是无法回避的。

在我 30 岁左右的时候，与沃勒斯坦和安德森一样，道金斯的《自私的基因》（理查德·道金斯 著）和萨根的《宇宙》（卡尔·萨根 著）也给我留下了深刻的印象。这一时期我对古典音乐也非常着迷，所以很喜欢读《吉田秀和全集》。另外，开始阅读李约瑟的《中国科学技术史》也是在我开始工作之后的事情。

自传与传记的最高杰作

我认为，传记必须是本人亲笔写的才最有趣。我认为在我成为社会人之后阅读的《巴布尔回忆录》（札希尔·乌德丁·穆罕默德·巴布尔 著）是自传的最高杰作。

这本书的作者是1526年创建莫卧儿王朝的开国皇帝巴布尔本人。我之所以被这本书吸引，是因为巴布尔虽然身为皇帝，却将自己称为"随处可见的、普通的老头子"。

比如，他在积雪的山路上与部下一起进军的时候，部下将唯一的帐篷让给身为皇帝的巴布尔，"这么大的雪，请您在帐篷里就寝。因为您是我们最重要的人"；但巴布尔却回答道，"但就算我一个人活下来了，没有你们这些部下的话，又能做什么呢？所以就让我们生死与共吧"。

巴布尔不仅好酒，甚至还吸食大麻（在当时好像是很普遍的现象），但他又很注重自己的健康，"啊，好舒畅啊！但这东西绝对不能吸食过量"，他还在给孩子的信中这样写道，"你一定要好好学习，锻炼身体，认真地保护这个国家",非常富有人情味。读完这本书你就会感觉到,"像这样富有人情味的皇帝,实在是非常少见啊"。

《与狗一起去战后的阿富汗旅行》的作者罗里·斯图尔特,显然就是受到了巴布尔的影响。他将与自己一起旅行的大型犬就取名为莫卧儿王朝的第一位皇帝"巴布尔"。

在传记中,还有一本让我难忘的书,那就是乔尔乔·瓦萨里的《意大利艺苑名人传》。

在这本书中,描述了波提切利、莱昂纳多·达·芬奇、拉斐尔、米开朗琪罗等文艺复兴时期具有代表性的15位艺术家的生平。在意大利文学史上,这是足以比肩但丁《神曲》的著名古经典籍文学作品。顺带一提,平川佑弘翻译的《神曲》完全收录了古斯塔夫·多雷所做的插画,非常值得阅读。

基督教很有趣

以下我将介绍与宗教相关的两本书。

第一本是被称为圣人传说集大成之作的《金色传奇》(雅各布斯·德·佛拉基涅 著),尤其对那些学习欧洲绘画艺术的人来说，这本几乎是必读书。

这本书中记述了圣安东尼、圣塞巴斯蒂安、圣阿加塔、圣耶柔米等著名圣人的传记，是仅次于《圣经》，被人们广泛阅读的书籍。如果没读过这本书，就无法享受欣赏欧洲绘画的乐趣。因为中世纪欧洲的绘画作品绝大多数都是以《金色传奇》为基础进行创作的。

《灵知派经典》也非常耐人寻味。

基督教除了广为人知的《四福音书》之外，还有多《马福音》《腓力福音》《马利亚福音》《埃及人福音》等不为人知的伪书（内容不确定），罗马教会以"这些书都是伪书，是写着不实内容的异端邪教"为由将这些内容封印起来。

但是，人们却在埃及的拿戈·玛第的洞穴中发现了这些文书。通过这些文书，我们可以看到一个与现代的基督教完全不同的二元论的世界。

在阅读这本书的过程中，我不由得想道：作为二元论代表之一的摩尼教也是很有趣的宗教啊！

7　读书的收获

《架起桥梁》是最好的读书论

我曾经被一段话深深地感动了。

1998年9月,在印度新德里举办的"国际儿童图书委员会代表大会"上,美智子受邀进行基调演说。美智子的这段演说,我认为是"世界上最好的读书论"。

这次基调演说以《架起桥梁 孩提时代的读书回忆》为题编辑出版了。

美智子回顾自己的孩提时代,认为正是因为那个时候阅读了大量的书籍,才培养出她现在的思考方法和认知方法。

"在书中,有许多悲伤的故事,我正是因为读过这些书,才能够更清楚地体会到他人的感受。"

通过读书,美智子认识到无论是怎样的人生都会遭遇悲伤,同时,她也从书中感受到了让心情激动不已的喜悦。

美智子将书比喻为"让孩子们能够安心成长的根,让孩子们能够自由翱翔的翅膀"。

正因为有了根和翅膀,人类才能够在自己和周围之间,或者说在自己与自己之间"架起桥梁"。

美智子在演讲的最后总结道:"读书让我们知道,人生绝不是单纯和简单的事情,读书能够引发我们的思考'人究竟是什么''人与人组成的社会究竟是什么'。"

我当然从未见过美智子陛下,只能想象她是一位怎样的人,但我相信,孩提时代的读书经历,一定会成为美智子心灵的养分和自身的修养。

我在 Life Net 生命工作的时候,经常会随身携带一份《架起桥梁》的英文版复印稿。当遇到对日本感兴趣的外国友人时,我就会首先拿出这份复印稿对他说,"如果你想要理解日本和日本人的话,首先读一读这个吧"。在读过之后,绝大多数的外国人都会由衷地感慨道:"日本人真了不起!"

没有阅读习惯的人或许会认为,"只不过是一本书罢了",又或者会觉得"小说什么的不都是虚构的故事吗?",但正如美智子所说的那样,优秀的书,能够给许多人带来不属于亲身经历的真实影响。

后　记

书并不是"非读不可"的东西。如果带着不情愿的心情阅读，肯定会感觉很无聊。

读书是为了愉悦自己。因此，请阅读那些"自己感兴趣的书"。

有时候我会在看完电影之后想要阅读一下原著。有时候我会被一本书的标题或装帧设计吸引。有时候可能是因为朋友的热心推荐而阅读……无论动机是什么都无所谓，关键在于心中产生出"想要阅读"的想法之后，才开始阅读。

我不喜欢将价值观强加给别人，也不喜欢被强加价值观。

就算强迫"不喜欢读书"的人读书，只要他本人对阅读不感兴趣，那么就算读了也不可能有任何收获。即便是非常喜欢读书的我，对于别人强迫我阅读的书也提不起兴趣。因为"只有喜欢才能够做好"。

在我还是一名工薪族的时候，曾经有过被上司要求"读一读这本书"的经历。我被迫读了"最初的5页"，却发现一点意思也没有。因为"根据最初的5页做判断"是我的自我规则，所以我马上就放弃了这本书。现在我甚至连那本书的标题是什么都忘记了。

　　后来上司问我，"怎么样，读完了吗，有趣吗？"，我非常诚实地回答说，"读了，但感觉没有意思所以没有读完。我不想读无聊的书……"，从那以后，上司再也没有强行推荐给我任何书。

　　阅读是一种享受。书就像是"美味的点心"，应该仔细地品尝其中的味道。所以我认为没有必要把时间浪费在"无聊的书"和"不想读的书"上面。

　　最后，我想为大家再介绍一本书：《5》（丹·扎德拉 著）。

　　这本书的每一页都采用了非常引人注目的设计，书中的内容包括名著、名言，以及名人轶事，是一本可以给你的大脑以冲击的书。

　　这本书向读者提出了这样一个问题：

"5年后,你会在哪?"

在这本书的最后,以这样一句话收尾:

"现在的你,是剩余的人生中最年轻的时候。"

小时候不喜欢读书的人,在长大之后开始"喜欢读书"的例子十分常见。出生在发展中国家的孩子,因为接受教育而接触到书,继而发现"再也没有比读书更有趣的事",并且喜欢上阅读的事例更是屡见不鲜。

无论做什么事情,绝对没有"太迟了"的情况。如果你对读书产生了兴趣,那么现在就是拿起书阅读的最好时机。等待着你的,一定是一个激动人心的广阔世界。因为"现在是你最年轻的时候",所以从现在开始读书就是最好的时候。

本书内介绍书籍一览

第一章

1.《思想录》帕斯卡 著

2.《古稀纪念出版 藤村的步行道》山崎斌 著

3.《林肯演讲集》

4.《历史》希罗多德 著

5.《宇宙》卡尔·萨根 著

6. 电影《魂断威尼斯》鲁西诺·维斯康蒂导演

7.《于丽埃特》萨德 著

8.《地图与疆域》米歇尔·维勒贝克 著

9.《毕达哥拉斯的音乐》吉蒂·弗格森 著

10.《论语》

11.《征服与革命中的阿拉伯人》尤金·罗根 著

12.《通货紧缩——解明"日本的慢性病"的全貌》吉川洋 著

13.《经济大转变与日本银行》翁邦雄 著

14.《花森安治传 改变日本生活的男人》今野海太郎 著

第二章

1.《万叶集》

2.《古今和歌集》

3.《论美国的民主》阿历克西·德·托克维尔 著

4.《反思法国大革命》埃德蒙·伯克 著

5.《威尼斯商人》莎士比亚 著《希腊悲剧全集》

6.《哈姆雷特与堂吉诃德——外两篇》屠格涅夫 著

7.《堂吉诃德》塞万提斯 著

8.《像堂吉诃德一样——塞万提斯自传》斯蒂芬·马洛 著

9.《韩非子》韩非 著

10.《国富论》亚当·斯密 著

11.《蝶螺太太》长谷川町子 著

12.《坏婆婆》长谷川町子 著

13.《物数寄考——古董与葛藤》松原知生 著

14.《哈德良回忆录》玛格丽特·尤瑟纳尔 著

15.《先知》纪·哈·纪伯伦 著

16.《百枚定家》梓泽要 著

17.《中国 茶碗 日本》彭丹 著

第三章

1.《我的朋友马基雅维利——佛罗伦萨兴亡》盐野七生 著

2.《君主论》尼可罗·马基亚维利 著

3.《能够作为工作修养的"世界史"》出口治明 著

4.《德鲁克论管理》彼得·德鲁克 著

5.《科特勒、阿姆斯特朗与恩藏的市场营销原理》菲利普·科特勒、加里·阿姆斯特朗、恩藏直人 著

6.《用自己的大脑思考》TIKIRINN 著

7.《真正有用的经营战略和根本没用的经营战略》山田修 著

第四章

1.《什么是历史的进步》石井三郎 著

2.《夏之砦》辻邦生 著

3.《非同寻常：赖斯成长回忆录》康多莉扎·赖斯 著

4.《贞观政要》

5.《史记列传》司马迁 著

6.《尼各马可伦理学》亚里士多德 著

7.《方法序说》笛卡儿 著

8.《社会心理学讲义——"闭锁的社会"与"开放的社会"》小坂井敏晶 著

9.《蒙田随笔》蒙田 著

10.《四名少年——天正少年使节与世界帝国》若桑绿 著

11.《用系统×设计的思考来改变世界——庆应SDM"革新的方法"》前野隆司 编著

12.《有部下的话一定要读的"委任方法"教科书——绝对不要成为"Playing Manager"》出口治明 著

13.《罗马政治家传Ⅰ恺撒》马提亚斯·盖尔策尔 著

14.《罗马政治家传Ⅱ庞培》马提亚斯·盖尔策尔 著

15.《高卢战记》恺撒 著

16.《罗马人的故事》盐野七生 著

17.《生物文明论》本川达雄 著

18.《衰老》西蒙娜·德·波伏娃 著

19.《一个人的老后》上野千鹤子 著

20.《第二性》西蒙娜·德·波伏娃 著

21.《男性论 ECCE HOMO》山崎麻里 著

22.《崔斯坦与伊索德》贝狄耶 编

23.《曾根崎鸳鸯殉情》《冥途的邮差》近松门左卫门 著

24.《爱的艺术》艾瑞克·弗洛姆 著

25.《你自己的社会——瑞典的中学教科书》阿奈·林德奎斯特 简·韦斯特 著

26.《北欧模式》翁百合 等 著

27.《法国妈妈育儿经》帕梅拉·德鲁克曼 著

28.《定本·育儿百科》松田道雄 著

29.《好饿的毛毛虫》艾瑞·卡尔 著

30.《小房子》维吉尼亚·李·伯顿 著

31.《我爸爸的小飞龙》鲁思·斯泰尔斯·甘尼特 著

32.《尼尔斯骑鹅旅行记》塞尔玛·拉格洛夫 著

33.《纳尼亚传奇》C. S. 刘易斯 著

34.《地海传奇》厄休拉·勒古恩 著

35.《毛毛》米切尔·恩德 著

36.《多罗罗》手冢治虫 著

37.《伊贺的影丸》横山光辉 著

38.《人造人009》石之森章太郎 著

39.《铁拳浪子》千叶哲也 画 / 高森朝雄 原作

40.《风云儿们》浦源太郎 著

41.《道标》达格·哈马舍尔德 著

42.《须贺敦子全集》须贺敦子 著

43.《吉尔伽美什》

第五章

1.《十万个为什么》菅井准一 等编

2.《魔之卫星卡利斯托》第20卷 摩尔 著

3.《少年侦探》系列（全26卷）江户川乱步 著

4.《希腊罗马名人传》普鲁塔克 著

5.《新·平家物语》吉川英治 著

6.《蒂博一家》罗歇·马丁·杜·加尔 著

7.《约翰·克利斯朵夫》罗曼·罗兰 著

8.《母与子》罗曼·罗兰 著

9.《卡拉马佐夫兄弟》陀思妥耶夫斯基 著

10.《战争与和平》托尔斯泰 著

11.《静静的顿河》肖洛霍夫 著

12.《1844年经济学哲学手稿》马克思 著

13.《德意志意识形态》马克思 恩格斯 著

14.《资本论》马克思 著 恩格斯 编

15.《路易·波拿巴的雾月十八日》马克思 著

16.《帝国主义论》列宁 著

17.《先知三部曲》伊萨克·多伊彻 著

18.《纯粹理性批判》康德 著

19.《社会契约论》卢梭 著

20.《理想国》柏拉图 著

21.《斐德罗》柏拉图 著

22.《会饮篇》柏拉图 著

23.《经济学》保罗·安东尼·萨缪尔森、威廉·诺德

豪斯 著

24.《意大利文艺复兴时期的文化》布克哈特 著

25.《中世纪的秋天》赫伊津哈 著

26.《物种起源》达尔文 著

27.《精神分析引论》(第49卷) 弗洛伊德 著

28.《日本的思想》丸山真男 著

29.《逃避自由》艾瑞克·弗洛姆 著

30.《布登勃洛克一家》托马斯·曼 著

31.《艾希曼在耶路撒冷》汉娜·阿伦特 著

32.《邪宗门》高桥和巳 著

33.《悲器》高桥和巳 著

34.《堕落》高桥和巳 著

35.《李商隐》高桥和巳 著

36.《民主的理想和现实》哈尔福德·约翰·麦金德 著

37.《海权对历史的影响》阿尔弗雷德·赛耶·马汉 著

38.《海洋国家日本的构想》高坂正尧 著

39.《国际政治》高坂正尧 著

40.《圣经》

41.《古兰经》

42.《佛陀说法》

43.《红楼梦》曹雪芹 著

44.《水浒传》施耐庵 著

45.《三国演义》罗贯中 著

46.《追忆似水年华》马塞尔·普鲁斯特 著

47.《尤利西斯》詹姆斯·乔伊斯 著

48.《攻击的秘密》康拉德·劳伦兹 著

49.《城市发展史》刘易斯·芒福德 著

50.《美国大城市的死与生》简·雅各布斯 著

51.《居住于迷宫中的死者——克里特的秘密与西欧的觉醒》汉斯·格奥尔格·伍德里希 著

52.《哈默林的花衣吹笛人——传说及其世界》阿部谨也 著

53.《黑色雅典娜》马丁·贝尔纳 著

54.《忽必烈的挑战》杉山正明 著

55.《罗马帝国衰亡史》爱德华·吉本 著

56.《意大利绘画史》罗伯特·龙基 著

57.《现代世界体系》伊曼纽尔·沃勒斯坦 著

58.《欧洲霸权之前》阿布-卢格霍德 著

59.《枪炮、病菌与钢铁》贾德·梅森·戴蒙 著

60.《想象的共同体》本尼迪克·安德森 著

61.《自私的基因》理查德·道金斯 著

62.《吉田秀和全集》

63.《中国科学技术史》李约瑟 著

64.《巴布尔回忆录》札希尔·乌德丁·穆罕默德·巴布尔 著

65.《与狗一起去战后的阿富汗旅行》罗里·斯图尔特 著

66.《意大利艺苑名人传》乔尔乔·瓦萨里 著

67.《神曲》但丁 著

68.《金色传奇》雅各布斯·德·佛拉基涅 著

69.《灵知派经典》

70.《架起桥梁 孩提时代的读书回忆》美智子 著

71.《5》丹·扎德拉 著

图书在版编目（CIP）数据

书的使用法 /（日）出口治明著；朱悦玮译. -- 北京：中国友谊出版公司，2021.3
ISBN 978-7-5057-5142-2

Ⅰ.①书… Ⅱ.①出… ②朱… Ⅲ.①读书方法 Ⅳ.①G792

中国版本图书馆CIP数据核字(2021)第028939号

著作权合同登记号　图字 01-2021-1116

HON NO "TSUKAIKATA" 1-MAN SATSU WO CHINIKU NISHITA HOHO
©Haruaki Deguchi 2014
Edited by KADOKAWA SHOTEN
First published in Japan in 2014 by KADOKAWA CORPPRATION, Tokyo.
Simplified Chinese translation rights arrange with KADOKAWA CORPPRATION, Tokyo
though Bardon-Chinese Media Agency, Taipei.

本书中文简体版权归属于银杏树下（北京）图书有限责任公司。

书名	书的使用法
作者	［日］出口治明
译者	朱悦玮
出版	中国友谊出版公司
发行	中国友谊出版公司
经销	新华书店
印刷	北京汇林印务有限公司
规格	889×1194 毫米　32 开 7 印张　95.4 千字
版次	2021年5月第1版
印次	2021年5月第1次印刷
书号	ISBN 978-7-5057-5142-2
定价	36.00元
地址	北京市朝阳区西坝河南里17号楼
邮编	100028
电话	（010）64678009

实用性阅读指南

牢记每一本书的内容

切实转化成自身能力

在成年人的世界里，读书这一行为或多或少会带有目的性，有时为了实现自己的目标和理想，有时为了提升工作能力，有时想要从书中获得灵感，等等。但是，有时候我们明明读了很多书，却还是没有彻底掌握书中的内容；有了新的灵感和见解，也没有马上付诸行动。读书是需要投入时间和金钱的，没有给自己带来改变的读书实在是一种浪费。

这本书介绍了作者在创业时如何将书中的知识应用到实际行动中，他用大量的书和实例讲解自己是如何做笔记、如何牢记书中的内容，以及如何将书中的内容付诸行动。其中更有作者精心总结的实用性读书技巧，能够帮助你提高阅读效率，缩短阅读时间。例如，如何制作一本书的思维导图，给书中内容创建形象、联系记忆，将书中的关键词整理成故事等。这本书，让你的读书不再只是"读书"。

著　者：	[日]大岩俊之
译　者：	陈怡萍
书　号：	978-7-210-09651-1
出版时间：	2017年11月
定　价：	36.00元

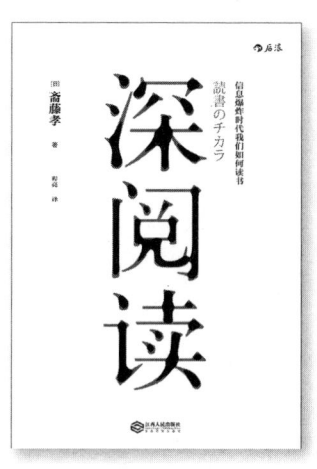

深阅读

**网络让我们漂流在信息海洋的表面
而阅读带我们向下深潜，汲取深藏水底的精神清流**

在当今这样快节奏的时代，读书稍显老套，但我们确实无法忍受没有书的人生。读书到底有什么意义？这个问题乍看简单，实则难以回答。本书作者认为人类的思想早已达到极其深澈的程度，犹如地层深处流淌着的清流，唯有通过读书掌握了"深潜能力"，才能找到地底珍贵的宝藏。

本书主要从根本上阐述"读书"的意义，更有作者力荐的创新性读书方法。透过本书的字里行间，我们细细感受作者阐述"读书"的力量，找回生而为人最宝贵的财富。希望本书能带给你更好的阅读体验。

著　　者：[日] 斋藤孝
译　　者：程亮

书　　号：978-7-210-08558-4
出版时间：2016年9月
定　　价：36.00元